프란치스코 교황과 함께 드리는
첫 묵주 기도

Franciscus

Il Rosario con Papa Francesco: Meditrazioni dei misteri tratte dai suoi discorsi by Alessandro Saraco
Copyright © 2014 by L.E.V.(Libreria Editrice Vaticana)

프란치스코 교황과 함께 드리는 첫 묵주 기도

2018년 6월 26일 교회 인가
2018년 9월 8일 초판 1쇄 펴냄
2024년 10월 31일 초판 9쇄 펴냄

엮은이 · 알레산드로 사라코
옮긴이 · 김정훈
펴낸이 · 정순택
펴낸곳 · 가톨릭출판사
편집 겸 인쇄인 · 김대영
편집 · 김지영, 강서윤, 김소정, 박다솜
디자인 · 강해인, 송현철, 이경숙, 정호진
마케팅 · 안효진, 황희진
본사 · 서울특별시 중구 중림로 27
등록 · 1958. 1. 16. 제2-314호
전자우편 · edit@catholicbook.kr
전화 · 1544-1886(대표 번호)
지로번호 · 3000997

ISBN 978-89-321-1524-5 03230

값 8,000원

성경 · 전례문 · 교회 문헌 ⓒ 한국천주교중앙협의회
표지 사진 ⓒ Getty Image Korea

이 책의 한국어 출판권은 (재)천주교서울대교구 가톨릭출판사에 있습니다.
저작권법에 의해 한국 내에서 보호를 받는 저작물이므로 무단 전재와 무단 복제를 금합니다.

가톨릭의 모든 도서와 성물을 '가톨릭출판사 인터넷쇼핑몰'에서 만나 보실 수 있습니다.
http://www.catholicbook.kr | (02)6365-1888(구입문의)

프란치스코 교황과 함께 드리는

첫 묵주 기도

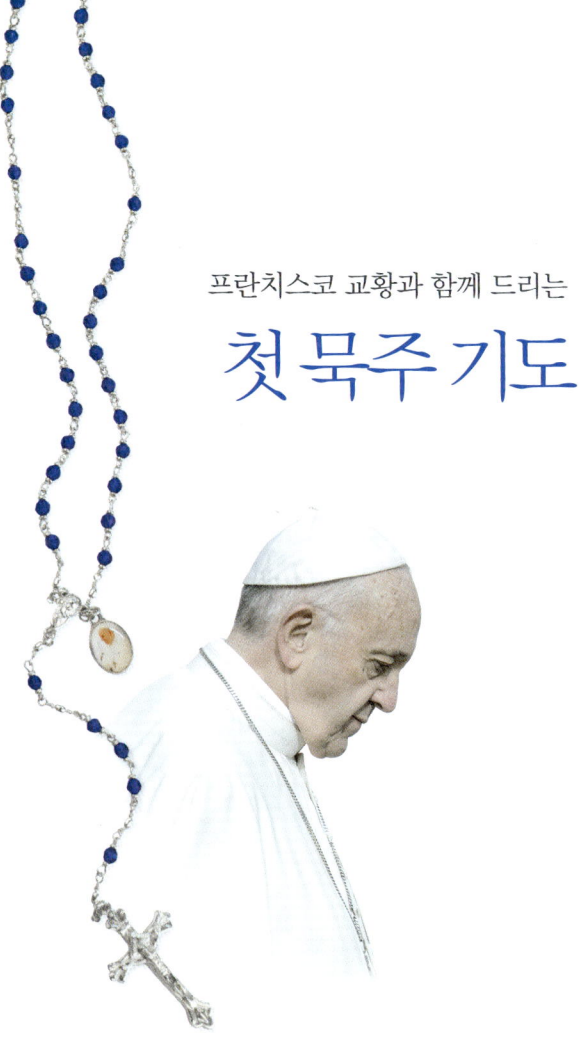

알레산드로 사라코 엮음 | 김정훈 옮김

가톨릭출판사

일러두기

- 이 책의 후반부에는 '프란치스코 교황이 성모님께 바친 기도'가 여러 편 수록되어 있습니다. 묵주 기도를 다 바치고 나서 마침기도로 활용하시면 좋습니다.
- 이 책에 담긴 주요 기도문들은 《가톨릭 기도서》(한국천주교중앙협의회, 2018)를 따랐습니다.
- 교황님 기도 지향은 한국천주교중앙협의회 홈페이지(www.cbck.or.kr)에서 확인하시면 됩니다.

목차

머리말 · 6

성모님이 복자 알랑 드 라 로슈(1428~1475년)
수사에게 하신 15가지 약속 · 9

묵주 기도를 바치는 이에게 허락하는 전대사 · 12

묵주 기도를 바치는 순서 · 16

환희의 신비 월요일과 토요일 · 18

빛의 신비 목요일 · 40

고통의 신비 화요일과 금요일 · 62

영광의 신비 수요일과 주일 · 84

주요 기도문

사도 신경 · 108 주님의 기도 · 109

성모송, 영광송 · 110 구원을 비는 기도 · 111

성모 찬송 · 112 성모 호칭 기도 · 114

프란치스코 교황이 성모님께 바친 기도

이탈리아주교회의에서 성모님께 바친 기도 · 122

묵주 기도 끝에 성모님께 바친 기도 · 124

「신앙의 빛」 맺음말에서 성모님께 바친 기도 · 126

성모님께 의탁하는 기도 · 128

교황 권고 「복음의 기쁨」에서 동정 성모 마리아께 바친 기도 · 131

원죄 없이 잉태되신 마리아께 바친 기도 · 134

머리말

하느님을 향한 참되고 완전한 기도

묵주 기도를 바치는 사람은 아주 특별한 내적 체험을 하게 됩니다. 그것은 바로 성모 마리아의 시선으로 예수님을 바라보는 것입니다. 마리아는 어머니이기에 누구보다도 당신의 아드님을 잘 알고, 깊이 사랑하는 분입니다. 그뿐만 아니라 그분의 모든 말씀을 경청하고 마음 깊이 간직한 분입니다(루카 2,19 참조). 따라서 성모님과 함께, 그분의 인도에 따라 우리 주님의 공생활을 묵상하면서 묵주 기도를 바치는 사람은 복음의 메시지를 모두 깊이 깨우쳐 마음에 새기고 '그리스도를 옷 입듯이'(로마 13,14 참조) 그분을 닮을 수 있습니다.

묵주 기도를 바치는 것은, 예수님이 어떤 분이신지, 그분의 생애와 말씀과 행적이 어떠하신지를 이야기해 주는 성모님의 말씀을 듣는 것과 같은 일입니다. 성모님은 우리도 당신처럼 예수님을 알고 따르고 사랑하는 삶을 살라고 초대하십니다. 그리하여 마침내 "주님의 종"(루카 1,38)으로서 하느님의 뜻에 모든 것을 내맡기신 당신처럼 예수님을 따르라고 하십니다. 그리스도인이 어떤 존재이고 어떤 삶을 살아야 하는지는 나자렛 처녀 마리아를 통해 알 수 있습니다. 그분은 모든 그리스도인의 본보기이고 가장 완벽한 기준이십니다. 성모님은 모든 것을 하느님께 맡기고 내적으로 '하느님과 일치하는 삶'을 사셨기 때문입니다.

묵주 기도를 통해, '은총이 가득한' 마리아는 하느님의 은총을 받아들이기에 합당하도록 우리의 마음을 준비시켜 주십니다. 우리도 당신처럼 "말씀하신 대로 저에게 이루어지기를 바랍니다."(루카 1,38)라고 응답할 수 있도록 가르쳐 주십니다. 우리가 아무런 두려움 없이 하느님의 손에 우리 자신을 내맡기고, 복음을 실천하는 삶의 여정에서 그분의 이끄심을 충실히 따를 수 있게 도와주십니다.

매일 바치는 묵주 기도는, 우리의 삶이 하느님을 향한 참되고 완전한 '찬송'이 되게 합니다. '찬송'이란 우리 자신을 높이고 우리의 이름을 날리는 것이 아니라 우리의 자리를 하느님께 내드리고 그분의 이름을 영광스럽게 하는 것입니다. 그러면 하느님은 우리의 삶에 함께하실 뿐 아니라 우리를 통해 세상 역사 안에 현존하실 것입니다.

정말로 묵주 기도는 삼위일체의 깊은 친교 안에서 우리의 운명과 열망이 하느님의 맥박과 조화를 이루도록 "우리 인생의 맥박을 드러나게 합니다."(요한 바오로 2세 교황의 교서 「동정 마리아의 묵주 기도」 25항 참조)

알레산드로 사라코

성모님이 복자 알랑 드 라 로슈(1428~1475년) 수사에게 하신 15가지 약속

1. 나는 묵주 기도를 정성스럽게 바치는 모든 이에게 나의 특별한 보호와 아주 큰 은총을 약속한다.
2. 지속적으로 묵주 기도를 바치는 이는 특별한 은총을 받을 것이다.
3. 묵주 기도는 지옥을 면하게 해 주는 아주 강력한 보호막이 될 것이다. 묵주 기도는 악습을 없애고 죄에서 벗어나게 하며 이단을 물리치게 해 줄 것이다.
4. 묵주 기도는 복음삼덕(청빈, 정결, 순명)과 향주삼덕(믿음, 희망, 사랑)을 꽃피우게 하고 하느님의 크신 자비를 얻게 해 줄 것이다. 마음에서 세상에 대한 사랑을 걷어 내고 하느님의 사랑을 자리 잡게 해 주며, 영원하고 천상적인 선물을 열망하도록 이끌어 줄 것이다. 참으로 많은 영혼이 묵주 기도를 통해 성화될 것이다!

5. 묵주 기도를 바치면서 나에게 의탁하는 이는 결코 쓰러지지 않을 것이다.
6. 각 신비를 묵상하면서 정성스럽게 묵주 기도를 바치는 이는 죄인들에게 닥칠 재앙에서 벗어날 것이다. 죄인은 회개하고 은총 속에서 성장하여 마침내는 영원한 생명을 얻게 될 것이다.
7. 묵주 기도를 성실히 바치는 이들은 교회의 성사 은총을 받지 못한 채 죽는 일이 없을 것이다.
8. 묵주 기도를 바치는 이들은 사는 동안은 물론이고 죽은 다음에도 하느님의 광채, 곧 충만한 은총을 체험할 것이고 성인들의 공로를 나누어 받을 것이다.
9. 나는 묵주 기도를 성실히 바치다 죽은 이들의 영혼을 연옥에서 가능한 빨리 벗어나게 해 줄 것이다.
10. 묵주 기도를 열심히 바친 이들은 천상에서 큰 영광을 누릴 것이다.
11. 묵주 기도를 바치면서 청하는 것은 무엇이든 얻게 될 것이다.
12. 묵주 기도를 전파하는 이들은 언제든지 필요한 때에 나의 도움을 받을 것이다.

13. 나는 '묵주 기도 형제회'에 속한 모든 이가 살아서나 죽어서나 천상의 성인들과 한 형제자매로 살 수 있게 하는 권한을 나의 아들에게서 받았다.
14. 묵주 기도를 성실하게 바치는 이들은 누구나 다 내가 가장 사랑하는 자녀로서 예수 그리스도의 형제요 자매가 된다.
15. 묵주 기도를 성실히 바치는 것 자체가 구원의 명확한 징표가 된다.

묵주 기도를 바치는 이에게 허락하는 전대사[1]

'대사'란 무엇인가?

†

대사大赦는, 이미 죄를 용서받았지만 그 죄 때문에 받아야 하는 일시적인 벌을 하느님 앞에서 면제받게 해 주는 것을 가리킵니다. 신자가 마음의 준비를 하고 일정한 조건을 갖출 때, 교회의 중개를 통해 대사를 얻게 됩니다. 교회는 구원의 분배자로서 그리스도와 성인들이 쌓아 놓은 공로의 보물을 나눠 주고 활용할 수 있는 권한을 지녔기 때문입니다. 대사는 죄 때문에 받아야 할 잠벌暫罰을 부분적으로 면제하느냐 또는 모두 면제하느냐에 따라 '한대사限大赦'와 '전대사全大赦'로 구분됩니다. 어느 신자든지 자기 자신을 위해 부분 대사(한대사)나 전대사를 얻을 수도 있고, 그렇게 얻은 대사를 죽은 이들에게 양도할 수도 있습니다.[2]

---

1 《대사 편람. 지침과 수여 Namuale delle Indulgenze, Norme e concessioni》, 바티칸출판사, 바티칸시티 2012년, 67-68쪽.

2 같은 책, 23쪽.

누가 대사를 받을 수 있는가?

†

세례를 받은 가톨릭 신자로서 은총을 받는 데 장애가 없는 사람이라면 누구나 대사를 받을 수 있습니다. 그러나 교회에서 파문당한 사람은 대사를 받을 수 없습니다.

대사를 받기 위한 조건은 무엇인가?

†

전대사를 받으려면, 소죄小罪를 비롯한 모든 죄에 대한 유혹을 끊어 버리겠다고 결심하고 대사를 받는 데 필요한 기본 조건 세 가지, 곧 **고해성사, 영성체** 그리고 **교황님의 지향에 따른 기도**를 해야 합니다.

특별한 때에는 사도좌나 교구장 등이 지시한 사항을 실천하면 전대사를 받을 수 있습니다.[3] 예를 들어, 한국천주교회는 2017년 11월 19일부터 2018년 11월 11일까지 '평신도 희년'을 지내는데, 이 기간에는 위의 세 가지 기본 조건과 함께 한국천주교주교회의가 공표한 다음 네 가지 행위 가운데 하나를 실천하면 전대사를 받을 수 있는 것입니다.

3 같은 책, 27-28쪽

첫째, 평신도 희년 개막 또는 폐막 미사에 참여하기.

둘째, 교구장 주교가 정한 희년 행사나 신심 행위 실천하기.

셋째, 희년 순례지를 방문하고 정해진 기도 바치기.

넷째, 거동이 불편한 경우에는 희년 행사에 참여하겠다는 지향을 가지고 희년의 정신을 실천하고 기도하면서 자신의 삶을 봉헌하기.

우리나라의 각 교구에서는 이 네 가지 사항을 지역적 특성과 여건을 고려하여 조정할 수 있습니다. 이때 대사를 받는 데 필요한 세 가지 기본 조건 가운데 영성체와 교황님의 지향에 따른 기도는 전대사에 필요한 모든 조건을 완수하는 마지막 날에 실천하는 것이 바람직합니다. 교황님의 지향에 따른 기도를 바치는 방법은 교황님의 지향을 생각하면서 주님의 기도와 성모송을 바치면 됩니다. 신자들 각자의 신심이나 열성에 따라 자유롭게 다른 기도(예를 들어, 십자가의 길 등)를 더 바칠 수도 있습니다.

다 함께 묵주 기도를 바치는 신자에게 허락된 전대사

✝

특별한 때가 아니더라도 묵주 기도를 바치면 전대사를 받을 수 있습니다. 앞에서 말한 대사를 받는 데 필요한 세 가지 기본 조건(고해성사, 영성체, 교황님의 지향에 따른 기도)과 더불어 여러 사람이 같은 공간에서 같은 마음으로 묵주 기도를 바치면 전대사를 받을 수 있는 것입니다. 예를 들어, 성당이나 가정, 수도 공동체, 신심 단체 등에서 선한 목적으로 모인 신자들이 함께 정성스럽게 묵주 기도를 바치면 전대사를 받을 수 있습니다.

전대사를 받기 위한 묵주 기도를 바칠 때에는 최소한 5단을 끊김 없이 연속해서 바쳐야 합니다. 그리고 구원의 신비를 마음속 깊이 묵상하는 것도 잊지 않아야 합니다.

묵주 기도를 바치는 순서

†

① 성호경 긋기

성부와 성자와 성령의 이름으로 아멘.

② 십자가에 입을 맞춘 뒤 시작기도로 사도 신경 바치기

③ 주님의 기도 1회, 성모송 3회, 영광송 1회, 구원을 비는 기도 1회(선택 사항) 바치기

④ 해당하는 신비 외우기

⑤ 성경 구절 읽기

⑥ 프란치스코 교황의 말씀 읽기

⑦ 주님의 기도 1회, 성모송 10회, 영광송 1회, 구원을 비는 기도 1회(선택 사항) 바치기

⑧ 5단으로 이루어진 신비를 모두 묵상한 뒤에 '성모 찬송'과 '성모 호칭 기도' 바치기

⑨ 전대사를 얻기 위해 교황님의 지향에 따라 기도를 하고 주님의 기도 1회, 성모송 1회, 영광송 1회, 구원의 기도 1회(선택 사항) 바치기

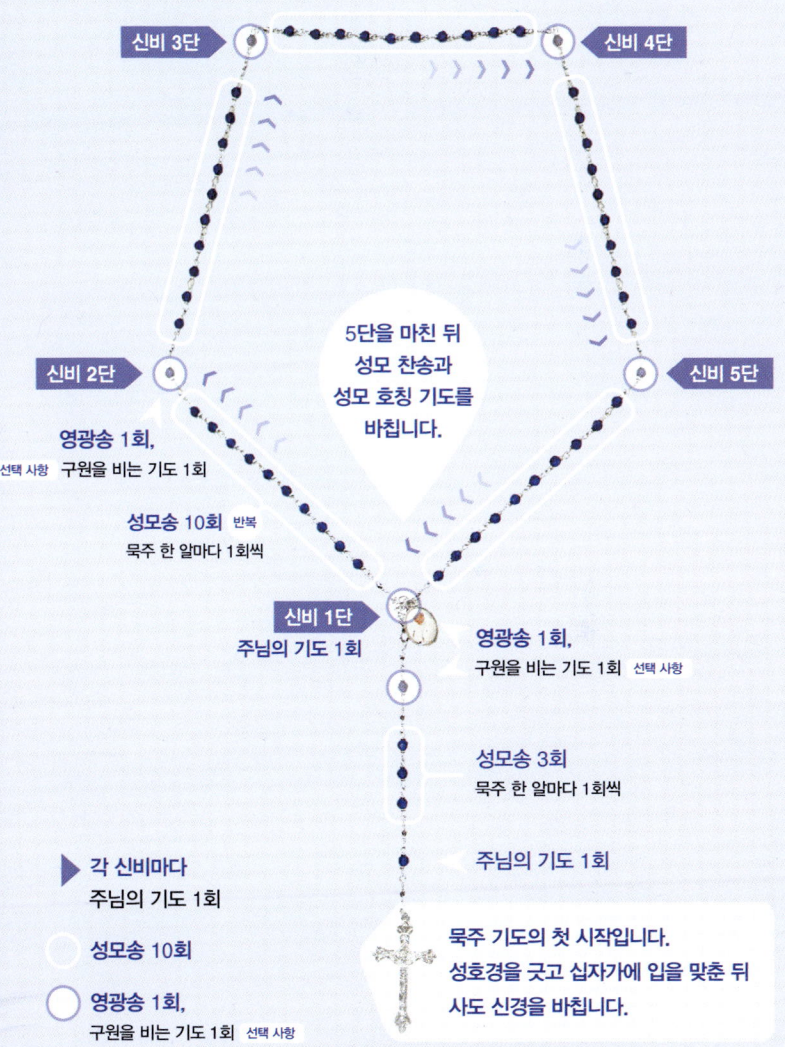

환희의 신비

월요일과 토요일

환희의 신비 1단

마리아께서 예수님을 잉태하심을 묵상합시다

루카 1,30-33.38

천사가 다시 마리아에게 말하였다. "두려워하지 마라, 마리아야. 너는 하느님의 총애를 받았다. 보라, 이제 네가 잉태하여 아들을 낳을 터이니 그 이름을 예수라 하여라. 그분께서는 큰 인물이 되시고 지극히 높으신 분의 아드님이라 불리실 것이다. 주 하느님께서 그분의 조상 다윗의 왕좌를 그분께 주시어, 그분께서 야곱 집안을 영원히 다스리시리니 그분의 나라는 끝이 없을 것이다." …… 마리아가 말하였다. "보십시오, 저는 주님의 종입니다. 말씀하신 대로 저에게 이루어지기를 바랍니다." 그러자 천사는 마리아에게서 떠나갔다.

하느님이 우리에게서
놀라운 일을 하시도록 맡겨드리기

✝

　아들을 낳을 것이라고 예고한 천사 앞에서 마리아는 놀라움을 감추지 않습니다. 하느님이 당신 아드님의 강생을 위해 나자렛의 보잘것없는 처녀인 자신을 선택하셨다는 사실 때문에 몹시 놀라웠던 것입니다. 마리아는 권세와 부를 누리는 이도 아니었고 특별한 사명을 수행한 적도 없었습니다. 다만 그는 하느님께 마음을 열어 놓았고, 자신이 온전히 이해하지 못한 상태에서도 그분께 모든 것을 내어 맡길 줄 아는 처녀였습니다. 그래서 마리아는 자신을 선택하신 하느님께 이렇게 응답했습니다. "보십시오, 저는 주님의 종입니다. 말씀하신 대로 저에게 이루어지기를 바랍니다"(루카 1,38).

　하느님은 언제든지 우리를 놀라게 하실 수 있고 우리의 뜻을 꺾으실 수도 있으며 우리의 계획을 위기에 처하게 하실 수도 있습니다. 하느님은 우리에게 이렇게 말씀하십니다. "나를 믿어라. 두려워하지 마라. 내가 하는 놀라운 일들을 받아들여라. 너 자신 안에 갇혀 있지 말고 밖으로 나가라. 그리고 나를 따라라!"

우리 모두 자기 자신에게 '하느님이 우리에게 바라시거나 요구하실 수 있는 것들 때문에 두려워하고 있지는 않은지' 물어봅시다. "나는 나자렛 처녀 마리아처럼, 하느님이 놀라운 일을 하시도록 맡겨드릴 수 있는가? 아니면 내가 세운 울타리, 곧 물질적인 보호막, 지성적 보호막, 관념적 보호막, 내가 계획한 보호막 안에 숨어 버릴 것인가? 나는 진심으로 하느님이 내 삶 안으로 들어오시도록 마음을 열 수 있는가?" 여러분은 이런 물음에 어떤 대답을 할 수 있나요? 이제 우리 모두 성모 마리아에게 전구를 청합시다. 하느님이 우리를 통해 놀라운 일을 하시도록 우리 자신을 맡겨드릴 수 있도록, 매일 성실한 신앙생활을 하면서 우리 구원의 힘이신 하느님을 찬미하고 감사드릴 수 있도록 도와 달라고 성모님께 전구를 청합시다. 아멘.

프란치스코 교황, 2013년 10월 13일, 강론에서

주님의 기도, 성모송 10회, 영광송, 구원을 비는 기도(선택 사항)

환희의 신비 2단

마리아께서 엘리사벳을 찾아보심을 묵상합시다

루카 1,39-48

그 무렵에 마리아는 길을 떠나, 서둘러 유다 산악 지방에 있는 한 고을로 갔다. 그리고 즈카르야의 집에 들어가 엘리사벳에게 인사하였다. 엘리사벳이 마리아의 인사말을 들을 때 그의 태 안에서 아기가 뛰놀았다. 엘리사벳은 성령으로 가득 차 큰 소리로 외쳤다. "당신은 여인들 가운데에서 가장 복되시며 당신 태중의 아기도 복되십니다. 내 주님의 어머니께서 저에게 오시다니 어찌 된 일입니까? 보십시오, 당신의 인사말 소리가 제 귀에 들리자 저의 태 안에서 아기가 즐거워 뛰놀았습니다. 행복하십니다, 주님께서 하신 말씀이 이루어지리라고 믿으신 분!" 그러자 마리아가 말하였다. "내 영혼이 주님을 찬송하고 내 마음이 나의 구원자 하느님 안에서 기뻐 뛰니 그분께서 당신 종의 비천함을 굽어보셨기 때문입니다."

모든 것은 선물

주님의 탄생 예고를 받은 다음, 마리아가 가장 먼저 한 일은, 나이 많은 친척 엘리사벳에게 봉사하는 것이었습니다. 엘리사벳의 인사를 받은 마리아는 "내 영혼이 주님을 찬송하고"라는 말로 주님을 찬미하기 시작합니다. 마리아는, 하느님이 자신에게 해 주신 일뿐 아니라 모든 구원 역사에서 이루신 그분의 업적에 대해서도 찬양하고 감사드리는 노래를 부른 것입니다.

마리아는 모든 것이 하느님의 선물임을 잘 알고 있었습니다. 마리아처럼 모든 것이 하느님의 선물임을 깨달을 수 있다면, 우리의 마음은 행복으로 가득 찰 것입니다! 모든 것이 하느님의 선물입니다. 하느님은 우리 구원의 힘이십니다! 그러니 마리아처럼 하느님을 찬미하고 감사드리는 것은 너무나 당연한 일입니다. 하지만 우리는 주님께 감사드리는 것에 매우 인색합니다. 우리는 하루에 몇 번이나 감사하다는 말을 하는지요?

우리는 모든 것을 당연하게 여기는 경우가 많습니다! 하느님이 주신 선물도 그렇게 여깁니다. 주님께 무언가를 청하는 기도는 쉽게 하면서도 그분께 감사드리는 것은 주저합니다. 그럴 이유가 별로 없다는 것입니다. 하지만 모든 것이 주님의 선물입니다. 이 사실을 깨닫는 사람만이 기쁨으로 주님께 감사드리고 이웃에게 봉사할 수 있습니다.

프란치스코 교황, 2013년 10월 13일, 강론에서

주님의 기도, 성모송 10회, 영광송, 구원을 비는 기도(선택 사항)

환희의 신비 3단

마리아께서 예수님을 낳으심을 묵상합시다

루카 2,6-12

그들이 거기에 머무르는 동안 마리아는 해산 날이 되어, 첫아들을 낳았다. 그들은 아기를 포대기에 싸서 구유에 뉘었다. 여관에는 그들이 들어갈 자리가 없었던 것이다. 그 고장에는 들에 살면서 밤에도 양 떼를 지키는 목자들이 있었다. 그런데 주님의 천사가 다가오고 주님의 영광이 그 목자들의 둘레를 비추었다. 그들은 몹시 두려워하였다. 그러자 천사가 그들에게 말하였다. "두려워하지 마라. 보라, 나는 온 백성에게 큰 기쁨이 될 소식을 너희에게 전한다. 오늘 너희를 위하여 다윗 고을에서 구원자가 태어나셨으니, 주 그리스도이시다. 너희는 포대기에 싸여 구유에 누워 있는 아기를 보게 될 터인데, 그것이 너희를 위한 표징이다."

사람이 되신 사랑

†

　동정 마리아에게서 태어나신 예수님은 참사람이자 참하느님이십니다. 하느님의 아드님이 우리의 역사 안으로 들어오셨고 우리와 삶을 나누신 것입니다. 예수님은 우리를 어둠 속에서 해방시키고 빛을 선물하시기 위해 오셨습니다. 예수님을 통해 아버지 하느님의 은총과 자비와 호의가 나타났습니다. 예수님은 강생하신 사랑이시기 때문입니다.

　예수님은, 우리가 닮고 싶지만 현실적으로 그렇게 하기 어려운 이상적인 분이 아니십니다. 예수님은 누구나 따를 수 있는 참된 지혜의 스승이실 뿐 아니라 우리 삶과 역사의 참된 의미를 밝혀 주시는 분입니다. 그분이 우리 가운데 당신의 거처를 세우시고 우리와 함께하셨기 때문입니다.

　들에서 양 떼를 지키던 목자들은 예수님의 탄생 소식을 듣고 그 '거처'를 확인한 첫 번째 사람들입니다. 그들은 소외된 이들, 곧 꼴찌에 속해 있었기 때문에 첫째가 되었습니다. 또한 그들은 자신에게 맡겨진 양 떼를 돌보기 위해 한밤중에도 깨어 있어야 했기 때문에 첫째가 되었습니다. 순례자의 삶을 사는 사람이 깨어 있어야만 하는 것처럼 그들은 깨어 있었던 것입니다. 그 목자들과 함께 우리도 아기 예수님 앞에 머물러야 합니다. 침묵 가운데 그분 앞에 머물러야 합니다. 그들과 함께 우리는 예수님을 우리에게 주신 주님께 감사드려야 합니다. 그들과 함께 우리는, 구원 약속에 성실하신 주님께 마음속 깊은 곳에서 솟구치는 찬미를 드려야 합니다.

지극히 높으신 하느님, 우리를 위해 당신 자신을 낮추셨음을 찬미합니다. 하느님, 당신은 무한하신 분임에도 우리를 위해 작은 존재가 되셨습니다. 당신은 한없이 부유하신 분임에도 우리를 위해 가난한 존재가 되셨습니다. 당신은 전능하신 분임에도 우리를 위해 미약한 존재가 되셨습니다.

프란치스코 교황, 2013년 12월, 강론에서

주님의 기도, 성모송 10회, 영광송, 구원을 비는 기도(선택 사항)

환희의 신비 4단

마리아께서 예수님을 성전에 바치심을 묵상합시다

루카 2,22-23.25.27-28.33-35

모세의 율법에 따라 정결례를 거행할 날이 되자, 그들은 아기를 예루살렘으로 데리고 올라가 주님께 바쳤다. 주님의 율법에 "태를 열고 나온 사내아이는 모두 주님께 봉헌해야 한다."고 기록된 대로 한 것이다. …… 그런데 예루살렘에 시메온이라는 사람이 있었다. 이 사람은 의롭고 독실하며 이스라엘이 위로받을 때를 기다리는 이였는데, 성령께서 그 위에 머물러 계셨다. …… 그가 성령에 이끌려 성전으로 들어갔다. 그리고 아기에 관한 율법의 관례를 준수하려고 부모가 아기 예수님을 데리고 들어오자, 그는 아기를 두 팔에 받아 안고 이렇게 하느님을 찬미하였다. …… 아기의 아버지와 어머니는 아기를 두고 하는 이 말에 놀라워하였다. 시메온은 그들을 축복하고 나서 아기 어머니 마리아에게 말하였다. "보십시오, 이 아기는 이스라엘에서 많은 사람을 쓰러지게도 하고 일어나게도 하며, 또

반대를 받는 표징이 되도록 정해졌습니다. 그리하여 당신의 영혼이 칼에 꿰찔리는 가운데, 많은 사람의 마음속 생각이 드러날 것입니다."

고통받는 백성의 희망이신 마리아

✝

　마리아는 칼에 꿰찔린 영혼을 지니신 분입니다. 여기서 '칼'은 마리아가 겪은 모든 슬픔과 고통을 가리킵니다. 모든 이의 어머니이신 마리아는 출산의 고통을 겪고 있는 백성들을 위한 희망의 상징입니다. 마리아는 우리 인생의 동반자이시며, 당신의 모성애를 통해 우리가 마음을 활짝 열어 믿음을 향하도록 이끌어 주시는 분입니다. 우리 각자의 어머니처럼, 마리아는 우리와 함께 걷고 우리와 함께 싸우면서 하느님의 사랑이 끊임없이 우리에게 부어지도록 이끌어 주십니다. 멕시코의 후안 디에고 성인에게 하셨던 것처럼, 마리아는 우리에게도 모성애 가득한 위안을 주시며 이렇게 말씀하십니다. "네 마음을 어지럽히지 마라. …… 네 어머니인 내가 여기 있지 않느냐?"

프란치스코 교황의 권고 「복음의 기쁨」 286항

주님의 기도, 성모송 10회, 영광송, 구원을 비는 기도(선택 사항)

환희의 신비 5단

마리아께서 잃으셨던 예수님을 성전에서 찾으심을 묵상합시다

루카 2,43.46.48-50

축제 기간이 끝나고 돌아갈 때에 소년 예수님은 예루살렘에 그대로 남았다. 그의 부모는 그것도 모르고, …… 사흘 뒤에야 성전에서 그를 찾아냈는데, 그는 율법 교사들 가운데에 앉아 그들의 말을 듣기도 하고 그들에게 묻기도 하고 있었다. …… 예수님의 부모는 그를 보고 무척 놀랐다. 예수님의 어머니가 "애야, 우리에게 왜 이렇게 하였느냐? 네 아버지와 내가 너를 애타게 찾았단다." 하자, 그가 부모에게 말하였다. "왜 저를 찾으셨습니까? 저는 제 아버지의 집에 있어야 하는 줄을 모르셨습니까?" 그러나 그들은 예수님이 한 말을 알아듣지 못하였다.

하느님의 어머니

마리아는 언제나 우리 마음 안에, 성실한 신앙생활 안에, 특히 그리스도인의 신앙 여정 안에 함께하십니다. 우리가 걷는 신앙의 길은 마리아가 걸으신 길과 동일합니다. 그러기에 우리는 우리 곁에 아주 가까이 계시는 마리아를 느낄 수 있습니다!

그리스도인 삶의 중심인 믿음이라는 면에서, 하느님의 어머니이신 마리아는 우리와 동일한 조건에서 사셨습니다. 우리가 자주 오가는 길, 때로는 어렵고 어두운 그 길을 똑같이 걸으셨습니다. 그분은 "신앙의 나그넷길"(제2차 바티칸 공의회, 교회에 관한 교의 헌장 「인류의 빛」 58항)을 걸어야 했습니다. 구세주의 어머니는 우리보다 앞서 그 길을 걸으셨고, 믿음과 소명과 선교의 삶에서 똑바로 나아가도록 계속해서 우리를 이끌어 주십니다. 겸손함을 지니고 하느님의 뜻에 순종하신 마리아는, 세상 곳곳에 복음의 기쁨을 선포하여 우리가 믿음을 증거하도록 도와주십니다.

어머니이신 마리아를 본보기로 삼은 우리의 선교는 풍성한 열매를 맺을 것입니다. 우리가 걷고 있는 신앙의 나그넷길, 우리 마음의 열망, 우리의 궁핍함, 온 세상을 위해 필요한 것, 특히 하느님의 정의와 평화에 대한 굶주림과 목마름을 성모님께 의탁합시다. 그리고 우리 모두 마리아를 "하느님의 어머니!"라고 부르면서 그분께 전구를 청합시다. 아멘.

프란치스코 교황, 2014년 1월 1일, 강론에서

주님의 기도, 성모송 10회, 영광송, 구원을 비는 기도(선택 사항)

빛의 신비

목요일

빛의 신비 1단

예수님께서 세례받으심을 묵상합시다

마르 1,9-11

그 무렵에 예수님께서 갈릴래아 나자렛에서 오시어, 요르단에서 요한에게 세례를 받으셨다. 그리고 물에서 올라오신 예수님께서는 곧 하늘이 갈라지며 성령께서 비둘기처럼 당신께 내려오시는 것을 보셨다. 이어 하늘에서 소리가 들려왔다. "너는 내가 사랑하는 아들, 내 마음에 드는 아들이다."

새로운 삶 살기

✝

　세례를 받는다는 것은 마르지 않는 생명의 샘 안으로 들어간다는 것을 의미합니다. 이 샘에서 솟아나는 참생명은 이 세상 역사에서 가장 아름다운 사랑의 행위, 곧 예수님의 죽음으로 마련된 것입니다. 우리는 그 사랑에 힘입어 새 생명을 누릴 수 있게 되었고, 죄와 죽음의 사악한 손아귀에서 벗어나 하느님뿐 아니라 형제자매들과도 친교를 나누게 되었습니다.

　사실 우리는 한계가 있는 나약하고 죄 많은 인간입니다. 그럼에도 우리가 예수님을 따르고 교회 안에 머문다면, 성사의 은총에 힘입어 새로운 피조물이 되고 그리스도를 옷 입듯 입을 수 있습니다.

그러므로 우리가 세례 때 받은 그 은총을 매일의 삶 속에서 거듭 충만히 받게 해 달라고 마음을 모아 주님께 청합시다. 우리가 서로를 하느님의 참된 자녀로, 예수 그리스도의 참된 형제자매로, 교회의 참된 일원으로 만날 수 있기를 기원합니다.

프란치스코 교황, 2014년 1월 8일, 일반 알현 때 설교에서

주님의 기도, 성모송 10회, 영광송, 구원을 비는 기도(선택 사항)

빛의 신비 2단

예수님께서 카나에서 첫 기적을 행하심을 묵상합시다

요한 2,1-5

사흘째 되는 날, 갈릴래아 카나에서 혼인 잔치가 있었는데, 예수님의 어머니도 거기에 계셨다. 예수님도 제자들과 함께 그 혼인 잔치에 초대를 받으셨다. 그런데 포도주가 떨어지자 예수님의 어머니가 예수님께 "포도주가 없구나." 하였다. 예수님께서 어머니에게 말씀하셨다. "여인이시여, 저에게 무엇을 바라십니까? 아직 저의 때가 오지 않았습니다." 그분의 어머니는 일꾼들에게 "무엇이든지 그가 시키는 대로 하여라." 하고 말하였다.

우리의 가정 안에 함께하시는 하느님

✝

　우리가 가정에서 맛보는 참기쁨은 외적인 것에서 오는 것이 아닙니다. 물질적인 것들이나 좋은 조건들 때문에 얻는 것도 아닙니다. 참된 기쁨은 가족들 사이의 깊은 일치에서 오는 것입니다. 그 기쁨은, 모두가 마음으로 느낄 수 있는 것이고 우리가 삶의 여정에서 서로의 버팀목이 되고 함께하는 것이 얼마나 아름다운지를 알게 해 줍니다.

　이처럼 깊이 있는 기쁨을 느끼게 해 주는 근본 토대는 하느님의 현존과 사랑입니다. 하느님은 따뜻하고 자비로우며 모두를 존중해 주는 사랑으로 우리의 가정 안에 함께하십니다. 하느님의 사랑은 무엇보다도 '인내하는 사랑'입니다. 인내는 하느님의 본성 가운데 하나입니다. 하느님은 우리도 가정에서 서로에게 인내하는 사랑을 실천하라고 가르치십니다.

우리는 서로 인내해야 합니다. 인내하는 사랑을 실천해야 합니다. 그 사랑의 원천이신 하느님만이 서로 다른 것들을 조화롭게 하실 수 있습니다. 하느님의 사랑이 부족하면, 가정은 조화를 잃어버리고 개인주의가 만연하게 되며 기쁨이 사라지게 됩니다. 이와 달리 믿음의 기쁨이 넘치는 가정은 자연스럽게 그 기쁨을 이웃에게 전해 줍니다. 그런 가정은 지상의 소금이 되고 세상의 빛이 되며 사회 전체를 유익하게 만드는 효소가 됩니다.

프란치스코 교황, 2013년 10월 27일, 강론에서

주님의 기도, 성모송 10회, 영광송, 구원을 비는 기도(선택 사항)

빛의 신비 3단

예수님께서 하느님 나라를 선포하심을 묵상합시다

마르 1,14-15

요한이 잡힌 뒤에 예수님께서는 갈릴래아에 가시어, 하느님의 복음을 선포하시며 이렇게 말씀하셨다. "때가 차서 하느님의 나라가 가까이 왔다. 회개하고 복음을 믿어라."

하느님의 구원에서 배제된 이는 아무도 없습니다

✝

　예수님은 우리에게 당신이 가져오신 기쁜 소식이 인류의 일부만을 위한 것이 아니고 모든 이에게 전해 주어야 할 것이라고 가르치셨습니다. 복음은 그 소식을 기다리는 모든 이에게 선포되어야 하는 것입니다. 더 나아가 그 소식에 대해 전혀 기대하지도 않고 궁금해하거나 들어 보고 싶은 마음이 전혀 없는 이들에게도 선포되어야 하는 것입니다.

　예수님은 우리에게 하느님의 구원에서 배제된 이는 아무도 없다고 가르치셨습니다. 오히려 하느님은 구원 사업을 세상의 변두리에서, 가장 뒤쳐진 이들에게서 시작하여 모든 이에게 확대해 나가는 방식을 선호하십니다.

예수님은 우리에게 당신과 함께 가자고, 하느님 나라를 위해 당신과 함께 일하자고 초대하십니다. 우리를 바라보고 부르시는 예수님께 응답하고 그분을 따라나섭시다! 그리하여 복음의 기쁨이 땅 끝까지 다다르고 복음의 빛이 이 세상 변두리 곳곳에 퍼져 나가게 합시다.

프란치스코 교황, 2014년 1월 26일, 삼종 기도 때 설교에서

주님의 기도, 성모송 10회, 영광송, 구원을 비는 기도(선택 사항)

빛의 신비 4단

예수님께서 거룩하게 변모하심을 묵상합시다

루카 9,28-29.34-35

이 말씀을 하시고 여드레쯤 되었을 때, 예수님께서 베드로와 요한과 야고보를 데리고 기도하시러 산에 오르셨다. 예수님께서 기도하시는데, 그 얼굴 모습이 달라지고 의복은 하얗게 번쩍였다. …… 구름이 일더니 그들을 덮었다. 그들이 구름 속으로 들어가자 제자들은 그만 겁이 났다. 이어 구름 속에서 "이는 내가 선택한 아들이니 너희는 그의 말을 들어라." 하는 소리가 났다.

예수님은 살아 계십니다!

✝

　우리는 부활을 체험했습니다. 예수님이 우리에게 부활의 문을 열어 주셨기 때문입니다. 부활은 우리의 몸이 변화하고 변모하는 사건입니다. 이런 변화와 변모는 예수님과 관계를 맺고 사는 우리의 삶 안에서 준비됩니다.

　예수님과 관계 맺는 삶은 일곱 가지 성사, 특히 성체성사를 통해 이루어집니다. 현세에서 예수님의 살과 피로 양육된 우리는 장차 그분처럼, 그분과 함께, 그분을 통해 부활할 것입니다.

　예수님은 죽음 이전에 지니셨던 그 몸으로 다시 살아나셨지만, 지상의 삶으로 되돌아가지는 않으셨습니다. 그처럼 우리도 우리의 몸으로 다시 살아날 것입니다. 하지만 우리의 부활한 몸은 지금과 같은 지상적인 것이 아니라, 예수님처럼 영광스럽게 변모된 몸일 것입니다.

우리는 예수님이 부활하셨다는 것과 그분이 지금도 살아 계시다는 것을 믿습니다. 예수님은 당신 부활의 권능으로 우리 모두를 다시 살리실 것입니다.

프란치스코 교황, 2013년 12월 4일, 일반 알현 때 설교에서

주님의 기도, 성모송 10회, 영광송, 구원을 비는 기도(선택 사항)

빛의 신비 5단

예수님께서 성체성사를 세우심을 묵상합시다

루카 22,19-20

예수님께서는 또 빵을 들고 감사를 드리신 다음, 그것을 떼어 사도들에게 주시며 말씀하셨다. "이는 너희를 위하여 내어 주는 내 몸이다. 너희는 나를 기억하여 이를 행하여라." 또 만찬을 드신 뒤에 같은 방식으로 잔을 들어 말씀하셨다. "이 잔은 너희를 위하여 흘리는 내 피로 맺는 새 계약이다."

우리를 예수님과 일치시켜 주는 '식탁'

최후의 만찬 때에 예수님이 하신 행동은 아버지의 사랑과 자비에 대해 지극한 감사를 표현하신 것이었습니다. 성체성사는 하느님이 이루신 구원 업적의 정점입니다. 주 예수님은 우리를 위해 쪼개진 빵이 되시고 당신의 모든 사랑과 자비를 우리에게 쏟아 주셨습니다. 우리의 마음, 우리의 실존, 우리와 당신 사이 그리고 우리와 형제자매들 사이의 관계 맺는 방식을 새롭게 해 주시려는 것이었습니다.

이런 맥락에서 우리가 성체성사에 참여할 때, "영성체를 한다."라고 말하는 것은 참으로 의미 깊은 표현입니다. 교회 전통에 따르면 '영성체領聖體'는 라틴어로 콤무니오Communio라고 하는데, 이 말은 본래 '친교'라는 뜻을 지녔습니다. 우리는 성체성사 안에서, 특별히 영성체를 통해 예수님과 친교를 나누는 것입니다.

성령께서는 성찬의 식탁에 참여하는 우리를 예수님과 완전히 하나 되게 해 주시고, 장차 천상의 식탁에서 이루어질 아버지와의 완전한 친교를 지금 여기에서 미리 맛보게 해 주십니다. 천상 식탁에서 모든 성인과 함께 아버지의 얼굴을 직접 뵈올 기쁨을 성찬의 식탁에서 미리 맛보게 해 주십니다.

프란치스코 교황, 2014년 2월 5일, 일반 알현 때 설교에서

주님의 기도, 성모송 10회, 영광송, 구원을 비는 기도(선택 사항)

고통의 신비

화요일과 금요일

고통의 신비 1단

예수님께서 우리를 위하여
피땀 흘리심을 묵상합시다

마르 14,32-36

그들은 겟세마니라는 곳으로 갔다. 예수님께서는 제자들에게, "내가 기도하는 동안 너희는 여기에 앉아 있어라." 하고 말씀하신 다음, 베드로와 야고보와 요한을 데리고 가셨다. 그분께서는 공포와 번민에 휩싸이기 시작하셨다. 그래서 그들에게 "내 마음이 너무 괴로워 죽을 지경이다. 너희는 여기에 남아서 깨어 있어라." 하고 말씀하셨다. 그런 다음 앞으로 조금 나아가 땅에 엎드리시어, 하실 수만 있으면 그 시간이 당신을 비켜 가게 해 주십사고 기도하시며, 이렇게 말씀하셨다. "아빠! 아버지! 아버지께서는 무엇이든 하실 수 있으시니, 이 잔을 저에게서 거두어 주십시오. 그러나 제가 원하는 것을 하지 마시고 아버지께서 원하시는 것을 하십시오."

함께하는 현존

✢

　그리스도인은 고통을 완전히 없앨 수 없다는 것을 알고 있습니다. 또한 고통에 중요한 의미가 있을 수 있다는 것도 알고 있습니다. 사실 고통은 우리를 포기하지 않으시는 하느님의 손에 우리 자신을 맡기고 그분을 더욱 깊이 사랑하도록 이끌어 주는 계기가 될 수 있습니다. 그런 맥락에서 고통은 우리의 믿음과 사랑을 성장하게 해 준다고 말할 수 있습니다.

　십자가상의 가장 고통스러운 순간에도 아버지와 일치하셨던 그리스도(마르 15,34 참조)를 관상하면서, 우리는 예수님의 시선에 동참하는 법을 배우게 됩니다. 하느님은 고통 중에 있는 인간이 모든 것을 납득할 수 있도록 설명해 주시지 않습니다.

그보다 하느님은 그들과 함께하는 현존의 방식으로, 그리고 고통 중에도 빛을 향해 문을 열 수 있도록 저마다의 고통의 역사를 선의 역사와 이어 주는 방식으로 응답하십니다.

프란치스코 교황의 회칙 「신앙의 빛」 56-57항 참조

주님의 기도, 성모송 10회, 영광송, 구원을 비는 기도(선택 사항)

고통의 신비 2단

예수님께서 우리를 위하여 매 맞으심을 묵상합시다

마르 15,12-15

빌라도가 다시 그들에게, "그러면 여러분이 유다인들의 임금이라고 부르는 이 사람은 어떻게 하기를 바라는 것이오?" 하고 물었다. 그러자 그들은 "십자가에 못 박으시오!" 하고 거듭 소리 질렀다. 빌라도가 그들에게 "도대체 그가 무슨 나쁜 짓을 하였다는 말이오?" 하자, 그들은 더욱 큰 소리로 "십자가에 못 박으시오!" 하고 외쳤다. 그리하여 빌라도는 군중을 만족시키려고, 바라빠를 풀어 주고 예수님을 채찍질하게 한 다음 십자가에 못 박으라고 넘겨주었다.

우리에게 당신 자신을 주신 예수님

✟

하느님의 아드님이 우리에게 당신 자신을 주셨습니다. 그분은 언제나 우리와 함께하고 우리 가운데 사시기 위해 당신의 몸과 피를 우리의 손에 맡기셨습니다. 올리브 동산에서, 그리고 빌라도 앞에서도 예수님은 저항하지 않고 당신을 내어 주셨습니다. 이사야가 예고한 것처럼, 예수님은 죽음에 이르기까지 당신 자신을 버린 고통받는 종이셨습니다(이사 53,12 참조).

예수님은 마지못해서나 어쩔 수 없는 운명이라서 당신을 희생하는 사랑을 행하신 것이 아닙니다. 물론 잔혹한 죽음 앞에서, 인간적으로 극심한 괴로움을 겪는 모습을 보이셨지만, 예수님은 아버지를 온전히 신뢰하면서 그분께 모든 것을 내맡기셨습니다.

하느님 아버지와 한마음이셨던 예수님은 그분의 사랑에 응답하기 위해, 그리고 우리를 향한 당신의 사랑을 보여 주시기 위해 기꺼이 당신 자신을 죽음에게 넘기셨습니다. 예수님은 십자가상에서 "나를 사랑하시고 나를 위하여 당신 자신을 바치신"(갈라 2,20) 분입니다. 우리는 저마다 예수님이 나를 사랑하시고 나를 위하여 당신 자신을 바치셨다고 말할 수 있습니다. 우리 각자가 "예수님이 나를 위하여"라고 말할 수 있는 것입니다.

프란치스코 교황, 2013년 3월 27일, 일반 알현 때 설교에서

주님의 기도, 성모송 10회, 영광송, 구원을 비는 기도(선택 사항)

고통의 신비 3단

예수님께서 우리를 위하여
가시관 쓰심을 묵상합시다

마르 15,16-19

군사들은 예수님을 뜰 안으로 끌고 갔다. 그곳은 총독 관저였다. 그들은 온 부대를 집합시킨 다음, 그분께 자주색 옷을 입히고 가시관을 엮어 머리에 씌우고서는, "유다인들의 임금님, 만세!" 하며 인사하기 시작하였다. 또 갈대로 그분의 머리를 때리고 침을 뱉고서는, 무릎을 꿇고 엎드려 예수님께 절하였다.

사랑의 임금

예수님은 지상의 권좌에서 다스리는 임금들에게 어울리는 영광을 얻기 위해 예루살렘에 입성하신 것이 아닙니다. 그분은 채찍질을 당하고 모욕을 겪고 상처를 받으려고 그곳에 가셨습니다. 예수님은 가시관과 자주색 옷을 받기 위해 예루살렘에 입성하셨고, 그분의 왕권은 조롱거리가 되었습니다. 그분은 십자가를 지고 골고타에 오르기 위해 예루살렘에 입성하셨습니다. 예수님은 십자가상에서 돌아가시기 위해 그곳에 가셨습니다.

예수님은 왜 십자가를 지셨을까요? 그분은 이 세상의 악과 우리 모두의 죄를 당신 십자가에 짊어지고 그 모든 것을 당신의 피와 하느님의 사랑으로 씻어 주기 위해 십자가를 짊어지셨습니다. 그렇게 우리는 예수님의 십자가로 죄를 용서받고 새 생명을 얻게 된 것입니다. 이것이 바로 예수님이 십자가의 왕좌에서 우리 모두를 위해 이루어 주신 구원입니다.

그러기에 예수님은 하느님의 마음에 드는 임금이십니다. 그분의 왕좌는 십자가 나무입니다! 우리가 뒤따르는 임금, 우리와 동행하시는 임금은 매우 특별한 분입니다. 그분은 십자가를 마다하지 않는 임금, 우리에게 사랑과 섬김을 가르치시는 임금입니다.

프란치스코 교황, 2013년 3월 24일, 강론에서

주님의 기도, 성모송 10회, 영광송, 구원을 비는 기도(선택 사항)

고통의 신비 4단

예수님께서 우리를 위하여
십자가 지심을 묵상합시다

마태 27,31-32

그렇게 예수님을 조롱하고 나서 외투를 벗기고 그분의 겉옷을 입혔다. 그리고 예수님을 십자가에 못 박으러 끌고 나갔다. 그들은 나가다가 시몬이라는 키레네 사람을 보고 강제로 예수님의 십자가를 지게 하였다.

십자가의 논리 안으로 들어가기

✝

　예수님을 따른다는 것은 다른 이들을 만나기 위해, 삶의 변두리로 가기 위해 우리 자신에게서 나가는 법을 배운다는 뜻입니다. 또한 우리의 형제자매들, 특별히 가장 멀리 떨어져 있는 이들, 사람들에게 잊힌 이들, 우리의 이해와 위로와 도움이 절실히 필요한 이들을 위해 가장 먼저 움직이는 법을 배운다는 뜻입니다. 이것은 점점 더 하느님의 논리 안으로, 곧 십자가의 논리 안으로 들어가는 일입니다. 십자가의 논리는 무엇보다도 고통과 죽음의 논리가 아니라, 생명을 주기 위해 자신을 내어 주는 선물의 논리이고 사랑의 논리입니다.

　그리스도 예수님은 우리에게 오시기 위해 당신 자신 밖으로 나오셨고, 구원과 희망을 선물하는 당신의 자비를 우리에게 주시기 위해 우리 가운데 함께하셨습니다. 그러므로 우리가 예수님을 따르고 그분과 함께하고 싶다면, 잃어버린 한 마리 양을 찾으러 그분과 함께 밖으로 나가야 합니다.

우리는 언제든지 밖으로 나가야 합니다! 이것은 하느님의 사랑과 너그러움, 존중과 인내로 이루어지는 것입니다. 그렇게 우리가 우리의 손과 발과 마음을 내놓으면, 하느님은 우리를 이끌어 주시어 다른 이들을 만나러 밖으로 나가는 우리의 활동이 풍성한 열매를 맺을 수 있도록 해 주실 것입니다.

프란치스코 교황, 2013년 3월 27일, 일반 알현 때 설교에서

주님의 기도, 성모송 10회, 영광송, 구원을 비는 기도(선택 사항)

고통의 신비 5단

예수님께서 우리를 위하여 십자가에 못 박혀 돌아가심을 묵상합시다

루카 23,44-46

낮 열두 시쯤 되자 어둠이 온 땅에 덮여 오후 세 시까지 계속되었다. 해가 어두워진 것이다. 그때에 성전 휘장 한가운데가 두 갈래로 찢어졌다. 그리고 예수님께서 큰 소리로 외치셨다. "아버지, 제 영을 아버지 손에 맡깁니다." 이 말씀을 하시고 숨을 거두셨다.

예수님의 십자가는 아버지의 사랑의 말씀

✝

　예수님의 십자가는 세상의 악을 향한 하느님의 말씀입니다. 간혹 하느님은 악을 두고도 침묵하시는 듯합니다. 그러나 실제로 하느님은 악을 향해 말씀하시고 응답하십니다.

　그분의 응답은 그리스도의 십자가입니다. 예수님의 십자가는 사랑과 자비와 용서를 담고 있습니다. 하지만 그와 동시에 이 십자가는 심판의 말씀이기도 합니다. 하느님은 우리를 사랑하시면서 심판하십니다. 우리는 이 사실을 잊지 말아야 합니다. 하느님은 우리를 사랑하심과 동시에 심판하십니다. 그러니 우리가 하느님의 사랑을 받아들인다면 구원을 받지만, 그 사랑을 거부한다면 단죄를 받게 될 것입니다. 하느님이 아니라 나 스스로 나를 단죄하게 되는 것입니다. 하느님은 단죄하시는 분이 아니기 때문입니다. 하느님은 오직 사랑하고 구원하실 뿐입니다.

그러니 우리 모두 함께 십자가의 길을 걸어갑시다. 사랑과 용서의 말씀인 십자가를 마음속에 품고 걸어갑시다. 우리를 너무나 사랑하시는 예수님의 부활을 기다리며 걸어갑시다. 사랑이 전부입니다.

프란치스코 교황, 2013년 3월 29일, 십자가의 길 집전 때 설교에서

주님의 기도, 성모송 10회, 영광송, 구원을 비는 기도(선택 사항)

영광의 신비

수요일과 주일

영광의 신비 1단

예수님께서 부활하심을 묵상합시다

마태 28,1-2.5-7

안식일이 지나고 주간 첫날이 밝아 올 무렵, 마리아 막달레나와 다른 마리아가 무덤을 보러 갔다. 그런데 갑자기 큰 지진이 일어났다. 그리고 주님의 천사가 하늘에서 내려오더니 무덤으로 다가가 돌을 옆으로 굴리고서는 그 위에 앉는 것이었다. …… 그때에 천사가 여자들에게 말하였다. "두려워하지 마라. 너희가 십자가에 못 박히신 예수님을 찾는 줄을 나는 안다. 그분께서는 여기에 계시지 않는다. 말씀하신 대로 그분께서는 되살아나셨다. 와서 그분께서 누워 계셨던 곳을 보아라. 그러니 서둘러 그분의 제자들에게 가서 이렇게 일러라. '그분께서는 죽은 이들 가운데에서 되살아나셨습니다. 이제 여러분보다 먼저 갈릴래아로 가실 터이니, 여러분은 그분을 거기에서 뵙게 될 것입니다.' 이것이 내가 너희에게 알리는 말이다."

인생을 완전히 바꾸게 한 사건

여인들이 찾은 무덤은 비어 있었습니다. 예수님의 시신은 그곳에 없었습니다. 무언가 새로운 일이 벌어지고 있었습니다. 여인들이 예수님의 무덤을 보러 간 것은, 그분에 대한 사랑을 표현하는 단순한 행위였습니다. 하지만 그런 행동이 그들의 인생을 완전히 바꾸게 하는 계기가 되었습니다. 그들의 인생뿐 아니라 우리의 인생에서도 그리고 우리 인류의 역사에서도 처음과 동일한 것은 아무것도 남아 있지 않게 되었습니다.

예수님은 죽음의 세계에 계시지 않습니다. 그분은 부활하셨고 '살아 계신 분'입니다! 예수님은 단순하게 되살아나시기만 한 것이 아닙니다. 그분은 하느님의 아드님이시기 때문에 생명 자체이시고 살아 계신 분입니다(민수 14,21-28; 신명 5,26; 여호 3,10 참조). 예수님은 더 이상 과거에 머무시지 않고 현재에서 생활하시고 미래를 향해 계십니다. 예수님은 하느님의 영원한 '오늘'이십니다.

이처럼 하느님이 이루어 주시는 새로움이 여인들과 제자들과 우리 모두의 눈앞에 펼쳐지고 있습니다. 그것은 바로 죄와 악과 죽음, 그리고 인간의 삶을 짓누르고 비인간적인 처지로 내모는 모든 것에 대한 승리입니다.

부활하신 예수님이 우리 삶 안으로 들어오시도록 그분을 받아들이십시오. 예수님께 신뢰를 두고 그분을 친구로 맞이하십시오. 예수님은 생명이십니다! 두려워하지 말고 예수님께 우리를 맡기고, 그분이 우리 곁에 계신다는 것을 확신하십시오. 또한 예수님이 우리와 함께하시면서 우리가 찾는 평화는 물론이고 그분의 뜻대로 사는 데 필요한 힘도 주신다는 것을 확신하십시오.

프란치스코 교황, 2013년 3월 30일, 파스카 성야 때 강론에서

주님의 기도, 성모송 10회, 영광송, 구원을 비는 기도(선택 사항)

영광의 신비 2단

예수님께서 승천하심을 묵상합시다

루카 24,50-52

예수님께서는 그들을 베타니아 근처까지 데리고 나가신 다음, 손을 드시어 그들에게 강복하셨다. 이렇게 강복하시며 그들을 떠나 하늘로 올라가셨다. 그들은 예수님께 경배하고 나서 크게 기뻐하며 예루살렘으로 돌아갔다. 그리고 줄곧 성전에서 하느님을 찬미하며 지냈다.

하느님을 향해 들어 올려진 우리의 인성

✝

　예수님의 지상 여정은, 이 세상을 떠나 아버지께로 가시고 그분 오른편에 들어 올려지신 승천 사건으로 끝을 맺습니다. 하지만 예수님이 승천하시어 아버지와 함께하신다는 것 자체가 우리의 지상 여정에 위안을 줍니다. 참하느님이시고 참사람이신 그리스도 안에서 우리의 인성이 하느님 곁으로 들어 올려졌기 때문입니다.

　예수님은 하느님께 나아가는 길을 우리에게 열어 주셨습니다. 예수님은 높은 산을 오르는 등반대의 대장과 같은 분이십니다. 그분은 먼저 정상에 오르신 다음, 우리를 당신 곁으로 끌어 주고 하느님께 인도해 주십니다. 우리가 예수님께 우리의 삶을 의탁한다면, 그분이 우리를 이끄시도록 맡겨드린다면, 우리는 분명히 가장 안전한 손, 곧 우리의 구원자이자 변호자이신 그분의 손안에 있게 됩니다.

　승천은 예수님의 부재不在를 의미하는 것이 아니라, 그분이 새로운 방식으로 우리 가운데서 살아 계신다는 것을 말해 줍니다. 이제 우리는 홀로 남겨지는 일이 결코 없습니다. 우리를 보살피고 방어해 주시는 변호자가 함께하시기 때문입니다. 이제 우리는 홀로 남겨지는 일이 결코 없습니다. 십자가에 못 박히시고 부활하신 주님이 우리를 이끌어 주시기 때문입니다.

프란치스코 교황, 2013년 4월 17일, 일반 알현 때 설교에서

주님의 기도, 성모송 10회, 영광송, 구원을 비는 기도(선택 사항)

영광의 신비 3단

예수님께서 성령을 보내심을 묵상합시다

사도 2,1-4

오순절이 되었을 때 그들은 모두 한자리에 모여 있었다. 그런데 갑자기 하늘에서 거센 바람이 부는 듯한 소리가 나더니, 그들이 앉아 있는 온 집 안을 가득 채웠다. 그리고 불꽃 모양의 혀들이 나타나 갈라지면서 각 사람 위에 내려앉았다. 그러자 그들은 모두 성령으로 가득 차, 성령께서 표현의 능력을 주시는 대로 다른 언어들로 말하기 시작하였다.

선교의 원동력이신 성령

부활하신 그리스도께서 교회에 성령을 내려 주신 사건을 묵상해 봅시다. 성령 강림은 예루살렘의 다락방을 은총으로 가득 채워 주는 사건이었습니다. 그리하여 그 은총이 세상 곳곳으로 퍼져 나가도록 하려는 것이었습니다.

성령께서는, 우리가 살아 계신 하느님의 신비 안으로 들어갈 수 있게 해 주십니다. 또한 교회가 자신의 울타리에 갇혀 영지주의적 성향으로 기울거나 자신의 신원만 보증하는 위험에 빠지지 않도록 지켜 주십니다.

성령께서는 우리에게 문을 열고 밖으로 나가서 복음의 기쁜 소식을 선포하고 증언하며, 신앙의 기쁨과 그리스도를 만나는 기쁨을 나누도록 부추기십니다.

성령께서는 선교의 원동력이십니다. 보호자(요한 14,16)이신 성령께서는 복음을 전하기 위해 세상 곳곳으로 달려갈 수 있도록 용기를 주는 '위로자'이십니다!

성령께서는 지평선 너머를 바라보게 하시고, 예수 그리스도의 생명을 선포하기 위해 삶의 변두리까지 찾아가도록 부추기십니다.

프란치스코 교황, 2013년 5월 19일, 성령 강림 대축일 강론에서

주님의 기도, 성모송 10회, 영광송, 구원을 비는 기도(선택 사항)

영광의 신비 4단

예수님께서 마리아를
하늘에 불러올리심을 묵상합시다

묵시 12,1

그리고 하늘에 큰 표징이 나타났습니다. 태양을 입고 발밑에 달을 두고 머리에 열두 개 별로 된 관을 쓴 여인이 나타난 것입니다.

성모 마리아는 우리와 함께 걸으십니다

✟

요한 묵시록 12장은 여인과 용 사이의 '싸움'에 대한 환시를 수록하고 있습니다. 교회를 상징하는 여인은 한편으로는 영광스럽게 승리하는 모습이지만, 다른 한편으로는 여전히 극도의 고통을 겪는 모습입니다.

사실 교회도 그런 상황에 처해 있습니다. 교회는 천상에서 이미 주님의 영광에 참여하고 있지만, 지상의 역사에서는 계속해서 시련을 겪어야 하고 영원한 원수인 악의 세력에게 도전을 받아야 합니다.

이 도전은 하느님과 악의 세력 사이의 싸움으로 이어지게 됩니다. 예수님의 제자들은 모두 이 싸움에 직면해야 합니다.

그러나 마리아는 그들을 홀로 남겨 두지 않으십니다. 그리스도와 교회의 어머니이신 마리아는 언제나 우리 곁에 계시고 우리와 함께 걸으십니다. 마리아는 우리와 함께 하시며, 우리와 함께 싸워 주시고, 악의 세력에 맞서는 그리스도인들에게 버팀목이 되어 주십니다.

프란치스코 교황, 2013년 8월 15일, 성모 승천 대축일 강론에서

주님의 기도, 성모송 10회, 영광송, 구원을 비는 기도(선택 사항)

영광의 신비 5단

예수님께서 마리아께
천상 모후의 관을 씌우심을 묵상합시다

에페 1,3-4

우리 주 예수 그리스도의 아버지 하느님께서 찬미받으시기를 빕니다. 하느님께서는 그리스도 안에서 하늘의 온갖 영적인 복을 우리에게 내리셨습니다. 세상 창조 이전에 그리스도 안에서 우리를 선택하시어, 우리가 당신 앞에서 거룩하고 흠 없는 사람이 되게 해 주셨습니다.

하느님이 세우신 사랑의 계획

✝

　나자렛 처녀 마리아는 하느님의 마음에 들었습니다. 그 이유가 무엇인지 알 수 없기에 '신비'라고 할 수 있지만, 사실 이는 우리에게 낯선 일은 아닙니다. 마리아는 저기에 있고 우리는 여기에 있는 것이 아닙니다. 마리아와 우리는 하나로 이어진 관계입니다.

　사실 하느님은 모든 이들에게 당신 사랑의 눈길을 보내십니다! 하느님은 우리 모두를 사랑의 눈길로 바라보십니다. 바오로 사도는 이렇게 선언합니다. 하느님은 "세상 창조 이전에 그리스도 안에서 우리를 선택하시어, 우리가 당신 앞에서 거룩하고 흠 없는 사람이 되게 해 주셨습니다"(에페 1,4).

　우리는 하느님의 선택을 받아 죄에서 해방되고 거룩한 삶을 살 수 있게 되었습니다. 이것이 바로 하느님이 세우신 사랑의 계획입니다. 하느님은, 우리가 당신께 나아갈 때마다, 특히 성사 안에서 그렇게 할 때마다 우리를 죄에서 해방시켜 주십시다.

원죄 없으신 하느님의 어머니 마리아를 관상하면, 우리는 우리의 운명과 소명을 더욱더 분명하고 깊게 인식할 수 있습니다. 우리는 사랑받기 위해, 그리고 하느님의 아름다우심에 힘입어 변모하도록 부르심을 받았습니다. 그러니 우리의 어머니 마리아를 바라보고 그분의 이끄심에 우리 자신을 맡깁시다. 그분은 우리의 어머니이시고 우리를 너무나 사랑하시는 분입니다. 또한 성모님이 우리를 살펴보시도록 마음을 엽시다. 그러면 더욱 겸손하고 용기 있는 모습으로 하느님의 말씀이신 예수님을 따르고, 그분의 아드님이신 예수님의 따뜻한 품에 안기는 법을 배울 수 있습니다. 우리는 예수님의 품 안에서 생명과 희망과 평화를 얻을 수 있습니다.

프란치스코 교황, 2013년 12월 8일, 삼종 기도 때 설교에서

주님의 기도, 성모송 10회, 영광송, 구원을 비는 기도(선택 사항)

주요 기도문

사도 신경

✝

전능하신 천주 성부

천지의 창조주를 저는 믿나이다.

그 외아들 우리 주 예수 그리스도님

(밑줄 부분에서 모두 깊은 절을 한다.)

<u>성령으로 인하여 동정 마리아께 잉태되어 나시고</u>

본시오 빌라도 통치 아래서 고난을 받으시고

십자가에 못 박혀 돌아가시고 묻히셨으며

저승에 가시어 사흘날에 죽은 이들 가운데서 부활하시고

하늘에 올라 전능하신 천주 성부 오른편에 앉으시며

그리로부터 산 이와 죽은 이를 심판하러 오시리라 믿나이다.

성령을 믿으며

거룩하고 보편된 교회와

모든 성인의 통공을 믿으며

죄의 용서와 육신의 부활을 믿으며

영원한 삶을 믿나이다.

아멘.

주님의 기도

✝

하늘에 계신 우리 아버지,

아버지의 이름이 거룩히 빛나시며

아버지의 나라가 오시며

아버지의 뜻이 하늘에서와 같이

땅에서도 이루어지소서!

오늘 저희에게 일용할 양식을 주시고

저희에게 잘못한 이를 저희가 용서하오니

저희 죄를 용서하시고

저희를 유혹에 빠지지 않게 하시고

악에서 구하소서.

아멘.

성모송

✝

은총이 가득하신 마리아님, 기뻐하소서!
주님께서 함께 계시니 여인 중에 복되시며
태중의 아들 예수님 또한 복되시나이다.
천주의 성모 마리아님,
이제와 저희 죽을 때에
저희 죄인을 위하여 빌어 주소서.
아멘.

영광송

✝

(밑줄 부분에서 고개를 숙이며)
<u>영광이 성부와 성자와 성령께</u>
처음과 같이
이제와 항상 영원히.
아멘.

구원을 비는 기도

†

예수님, 저희 죄를 용서하시며
저희를 지옥 불에서 구하시고
연옥 영혼을 돌보시며
가장 버림받은 영혼을 돌보소서.

성모 찬송

†

○ 모후이시며 사랑이 넘친 어머니,
　우리의 생명, 기쁨, 희망이시여,
● 당신 우러러 하와의 그 자손들이
　눈물을 흘리며 부르짖나이다.
　슬픔의 골짜기에서.
○ 우리들의 보호자 성모님,
　불쌍한 저희를
　인자로운 눈으로 굽어보소서.
● 귀양살이 끝날 때에
　당신의 아들, 우리 주 예수님 뵙게 하소서.
　너그러우시고, 자애로우시며
　오! 아름다우신 동정 마리아님.
○ 천주의 성모님, 저희를 위하여 빌어 주시어
● 그리스도께서 약속하신 영원한 생명을 얻게 하소서.

✚ 기도합시다.

　하느님,

　외아드님께서 삶과 죽음과 부활로

　저희에게 영원한 구원을 마련해 주셨나이다.

　복되신 동정 마리아와 함께 이 신비를 묵상하며

　묵주 기도를 바치오니

　저희가 그 가르침을 따라

　영원한 생명을 얻게 하소서.

　우리 주 그리스도를 통하여 비나이다.

◎ 아멘.

성모 호칭 기도

†

○ 주님, 자비를 베푸소서.

● 주님, 자비를 베푸소서.

○ 그리스도님, 자비를 베푸소서.

● 그리스도님, 자비를 베푸소서.

○ 주님, 자비를 베푸소서.

● 주님, 자비를 베푸소서.

○ 그리스도님, 저희의 기도를 들으소서.

● 그리스도님, 저희의 기도를 들으소서.

○ 그리스도님, 저희의 기도를 들어주소서.

● 그리스도님, 저희의 기도를 들어주소서.

○ 하늘에 계신 천주 성부님

● 자비를 베푸소서.

(다음은 같은 후렴)

○ 세상을 구원하신 천주 성자님

　천주 성령님

　삼위일체이신 하느님

○ 성모 마리아님

● 저희를 위하여 빌어 주소서.

(다음은 같은 후렴)

○ 천주의 성모님

지극히 거룩하신 동정녀

그리스도의 어머니

교회의 어머니

천상 은총의 어머니

지극히 깨끗하신 어머니

순결하신 어머니

평생 동정이신 어머니

티 없으신 어머니

사랑하올 어머니

탄복하올 어머니

슬기로우신 어머니

창조주의 어머니

구세주의 어머니

지극히 지혜로우신 동정녀

○ 공경하올 동정녀
● 저희를 위하여 빌어 주소서.
  (다음은 같은 후렴)
○ 찬송하올 동정녀
  든든한 힘이신 동정녀
  인자하신 동정녀
  성실하신 동정녀
  정의의 거울
  상지의 옥좌
  즐거움의 샘
  신비로운 그릇
  존경하올 그릇
  지극한 사랑의 그릇
  신비로운 장미
  다윗의 망대
  상아 탑
  황금 궁전

○ 계약의 궤
　하늘의 문
　샛별
　병자의 치유
　죄인의 피신처
　근심하는 이의 위안
　신자들의 도움
　천사의 모후
　성조의 모후
　예언자의 모후
　사도의 모후
　순교자의 모후
　증거자의 모후
　동정녀의 모후
　모든 성인의 모후
　원죄 없이 잉태되신 모후
　하늘에 올림을 받으신 모후

○ 묵주 기도의 모후

　가정의 모후

　평화의 모후

○ 하느님의 어린양, 세상의 죄를 없애시는 주님

● 저희를 용서하소서.

○ 하느님의 어린양, 세상의 죄를 없애시는 주님

● 저희의 기도를 들어주소서.

○ 하느님의 어린양, 세상의 죄를 없애시는 주님

● 자비를 베푸소서.

○ 천주의 성모님, 저희를 위하여 빌어 주시어

● 그리스도께서 약속하신 영원한 생명을 얻게 하소서.

✝ 기도합시다.

　주 하느님

　저희에게 은총을 베푸시고

　복되신 평생 동정 마리아의 전구로

　이 세상의 슬픔에서 벗어나

　영원한 기쁨을 누리게 하소서.

　우리 주 그리스도를 통하여 비나이다.

◎ 아멘.

교황님의 지향에 따라 기도합시다.

교황님의 지향은 CBCK 홈페이지www.cbck.or.kr에서 구할 수 있습니다.

주님의 기도, 성모송, 영광송, 구원을 비는 기도(선택 사항)

프란치스코 교황이 성모님께 바친 기도

이탈리아주교회의에서 성모님께 바친 기도

하느님의 신비를 간직하신 침묵의 어머니,
그 신비를 잊고 사는 이들이 빠져드는
현세의 우상 숭배에서 저희를 구해 주소서.

'기억'이라는 안약으로
목자들의 눈을 씻어 주소서.
그리하여 저희가 초대 교회의 신선한 모습을 기억하면서
기도하고 회개하는 교회를 건설하게 하소서.

일상의 노동에서 성실한 삶으로
아름다움을 꽃피우신 어머니,
이기주의와 패배주의와 나태한 삶에 무감각하지 않도록
저희를 일깨워 주소서.

양 떼를 일치시키고 화합시킬 수 있도록
목자들에게 연민의 옷을 입혀 주소서.

교회가 겸손하게 형제애를 나누면서
섬기는 기쁨을 발견하게 하소서.

인내와 자비로 우리를 돌보시는 사랑의 어머니,
저희를 슬픔과 조바심에서 벗어나게 해 주시고
받아들일 줄 모르는 아집에서 벗어나게 해 주소서.

손과 발과 마음이 너무나 가벼운 저희를 위해
당신의 아드님께 빌어 주소서.
저희가 사랑 안에서 진리로 교회를 건설하게 해 주소서.

어머니,
저희가 하늘 나라를 향해 걷고 있는
하느님의 백성의 대열에 들게 해 주소서.
아멘.

2013년 5월 23일

묵주 기도 끝에 성모님께 바친 기도

경청하는 여인이신 마리아님,
저희의 눈을 열어 주소서.
이 세상에서 오가는 수많은 말들 가운데서
저희가 당신의 아드님이신 예수님의 말씀을
들을 줄 알게 해 주소서.
저희가 만나는 사람들,
특히 가난하고 궁핍하고
어려움에 처한 이들과
저희가 몸담고 사는 현실을
알아볼 수 있게 해 주소서.

결단하는 여인이신 마리아님,
우리의 정신과 마음을 비추시어,
저희가 아무런 망설임 없이
당신의 아드님이신 예수님의 말씀에
순종하게 하소서.

저희에게 주저함 없이
결단할 수 있는 용기를 주시어,
저희 삶을 이끄는 이들의 선의에
즉각 응답하게 하소서.

행동하는 여인이신 마리아님,
우리가 다른 이들을 향해 손과 발을
'서둘러' 움직일 수 있게 해 주시어,
당신의 아드님이신 예수님의 사랑과 자비를
이웃에게 전하고
당신처럼 복음의 빛을
세상에 전파하게 하소서.
아멘.

2013년 5월 31일

「신앙의 빛」 맺음말에서 성모님께 바친 기도

어머니, 저희의 신앙을 도와주십시오.

하느님의 말씀을 듣고

그분의 음성과 부르심을 알아차릴 수 있도록

저희의 귀를 열어 주십시오.

저희의 땅을 떠나 그분의 약속에 신뢰하면서

그분의 발걸음을 따르고자 하는 갈망을

저희 안에 일깨워 주십시오.

그분의 사랑이 저희를 어루만지도록

자신을 내맡김으로써

신앙으로 저희도 그분을 만질 수 있게 도와주십시오.

특히 시련과 십자가의 순간에,

저희 신앙이 성숙해져야 할 때

주님께 자신을 온전히 의탁하고

그분의 사랑을 믿을 수 있도록 도와주십시오.

저희의 신앙에

부활하신 분의 기쁨의 씨앗을 뿌려 주십시오.

믿는 이는 결코 혼자가 아니라는 사실을
상기시켜 주십시오.
예수님께서 저희 길을 밝히는 빛이 되시도록
그분의 시선으로 보는 법을 가르쳐 주십시오.
그리하여 저물지 않는 날이신 그리스도, 당신의 아드님,
저희의 주님께서 오시는 날까지
신앙의 빛이 저희 안에서
계속해서 강해지도록 하여 주십시오.

2013년 6월 29일
프란치스코 교황의 회칙 「신앙의 빛」 60항

성모님께 의탁하는 기도

파티마의 복되신 동정 마리아님,
사랑 가득한 당신의 현존에 대해
새로운 감사의 마음으로,
당신을 찬송하는 모든 세대와 함께
저희도 찬미의 목소리를 높이나이다.

인류는 악에게 짓눌리고 죄로 인해 상처받았습니다.
하느님은 그런 인류를 치유하고 구원하시기 위해
당신의 사랑으로 돌보시는 데 지칠 줄 모르시는 분입니다.
이와 같은 하느님의 위대한 업적을
저희는 당신 안에서 찬미하나이다.

당신께 의탁하는 저희를
당신의 자애로우심으로 받아 주소서.
오늘 저희는 당신께 신뢰를 두고
사랑하는 당신께

저희 자신을 의탁합니다.

저희를 보배로 보아 주시고
저희의 모든 것을 알고 계시는 마리아님,
당신의 눈길에 저희를 맡기나이다.
당신이 저희를 온화한 시선으로 바라보시면
저희는 당신 미소에 담긴
위로 가득한 사랑을 받게 됩니다.

당신의 두 팔로 저희의 인생을 보살펴 주소서.
선을 열망하는 저희의 마음을 축복하시고
강하게 해 주소서.
저희의 믿음을 양육하시고 새롭게 해 주소서.
저희의 희망을 비추시고 북돋워 주소서.
저희의 사랑을 생생하게 해 주시고 성장시켜 주소서.
거룩함을 지향하는 여정에서
저희 모두를 이끌어 주소서.

미천한 이들과 가난한 이들,
소외된 이들과 고통을 겪는 이들,

죄인들과 마음이 불안한 이들에게
당신이 보여 주신 깊은 사랑을 저희에게 가르쳐 주소서.
당신의 보호 아래 저희 모두를 모아들이시고
당신이 사랑하시는 아드님, 우리 주 예수님께
저희 모두를 맡겨 드리소서.
아멘.

2013년 10월 13일

교황 권고 「복음의 기쁨」에서 동정 성모 마리아께 바친 기도

동정 성모 마리아님,
성령의 이끄심에 따라
겸손한 그 깊은 믿음으로 생명의 말씀을 받아들이시어
영원하신 분께 자신을 온전히 바치셨으니
저희도 예수님의 기쁜 소식을 선포하라는
시급하고 절실한 부르심에
기꺼이 "예."라고 응답하도록 도와주소서.

그리스도를 태중에 모신 성모님께서는
세례자 요한에게 기쁨을 가져다주시어
그 어머니의 태중에서 뛰놀게 하셨고
성모님께서도 기쁨에 넘쳐
주님의 놀라운 일들을 노래하셨으며
십자가 아래서도 흔들림 없는 믿음으로
꿋꿋하게 서 계시어

기쁨에 넘치는 부활의 위로를 받으셨고
제자들과 함께 성령을 기다리시어
복음을 선포하는 교회가 태어나게 하셨나이다.

부활의 새로운 열정을 저희에게 주시어
죽음을 이기는 생명의 복음을 모든 이에게 전하게 하시고
새로운 길을 찾는 거룩한 용기를 주시어
결코 사라지지 않을 아름다움의 은총이
모든 사람에게 다다를 수 있게 하소서.

경청과 관상의 동정녀, 사랑의 어머니,
영원한 혼인 잔치의 신부, 교회의 지순한 모상이시여,
교회를 위하여 전구하시어
교회가 스스로 자기 안에 갇히지 않고
하느님 나라를 세우려는 열정에 불타오르게 하소서.

새로운 복음화의 별이시여,
친교와 봉사, 관대하고 열렬한 믿음
정의와 가난한 이들을 위한 사랑에서
빛나는 증인이 되도록 저희를 도우시어

복음의 기쁨이 땅끝까지 다다라
그 빛이 온 세상을 두루 비추게 하소서.

살아 있는 복음의 어머니,
작은 이들을 위한 기쁨의 샘이시여,
저희를 위하여 빌어 주소서.

아멘. 알렐루야!

2013년 11월 24일
프란치스코 교황의 권고 「복음의 기쁨」 288항

원죄 없이 잉태되신 마리아께 바친 기도

원죄 없이 잉태되신 거룩한 동정녀시여,
저희 백성의 영예이시고
저희 도시의 성실한 보호자시여,
저희는 사랑과 신뢰의 마음으로 당신께 나아갑니다.

오, 마리아님, 당신은 완전한 아름다움이십니다!
당신은 전혀 죄가 없는 분이십니다.

저희 모두에게
거룩해지고자 하는 새로운 열정을 일으켜 주소서.
저희가 하는 말 안에서
진리의 광채가 감돌게 해 주소서.
저희가 하는 일 안에서
사랑의 노래가 울려 퍼지게 해 주소서.
저희의 육체와 마음 안에
정결과 정숙함이 깃들게 해 주소서.

저희의 삶 안에 복음의 아름다움이
완전히 자리 잡게 해 주소서.

오, 마리아님, 당신은 완전한 아름다움이십니다!
하느님의 말씀이 당신 안에서 강생하셨습니다.

저희가 주님의 음성을 경청하도록 도와주소서.
저희가 가난한 이들의 외침을
결코 외면하는 일이 없고,
병든 이들과 궁핍한 이들의 고통에
무관심한 태도를 보이지 않으며,
노인들의 고독과 어린아이들의 나약함을
진심으로 헤아리고,
모든 이의 삶을
언제나 존중하고 사랑할 수 있게 도와주소서.

오, 마리아님, 당신은 완전한 아름다움이십니다!
당신께는 하느님과 함께하는
복된 삶의 기쁨이 충만합니다.

저희의 지상 여정이
의미 없이 지나가지 않도록 도와주소서.
신앙의 온화한 빛이
저희의 날들을 비추게 하시고,
희망의 강력한 위로가
저희의 발걸음을 이끌게 하시며,
사랑의 뜨거운 열기가
저희의 마음에 생기를 불어넣게 하시고,
참기쁨의 샘이신 하느님께
저희 모두의 눈을 완전히 고정시켜 주소서.

오, 마리아님, 당신은 완전한 아름다움이십니다!
저희의 기도에 귀 기울이시고
저희의 간청을 들어주소서.
예수님이 지니셨던, 자비로우신 하느님 사랑의 아름다움이
저희 안에도 자리 잡게 해 주소서.
하느님 사랑의 그 아름다움이
저희와 저희 도시와 온 세상을 구원하게 해 주소서.
아멘.

2013년 12월 8일

한양 한국어 1
단어장

차례

01 학교 · 4

02 가족 · 17

03 날짜와 요일 · 36

04 식당 · 54

05 하루의 일과 · 73

06 쇼핑 · 89

07 친구 · 109

08 전화 · 121

09 교통 · 133

10 약속 · 149

1과 학교

<1> 교실입니다

어휘와 표현 1

1	명 단어	**E** word **C** 单词 **J** 単語	**V** Từ vựng **M** үг
2	명 책상	**E** desk **C** 书桌 **J** 机	**V** Bàn học **M** ширээ
3	명 의자	**E** chair **C** 椅子 **J** 椅子	**V** Ghế **M** сандал
4	명 문	**E** door **C** 门 **J** 門, ドア	**V** Cửa, cánh cửa **M** хаалга
5	명 창문	**E** window **C** 窗户 **J** 窓	**V** Cửa sổ **M** цонх
6	명 칠판	**E** blackboard **C** 黑板 **J** 黒板	**V** Cái bảng **M** самбар
7	명 시계	**E** clock **C** 钟表 **J** 時計	**V** Đồng hồ **M** цаг

8	몡 **가방**	**E** bag **C** 书包 **J** かばん	**V** Túi xách, ba lô **M** цүнх
9	몡 **볼펜**	**E** ballpoint pen **C** 圆珠笔 **J** ボールペン	**V** Bút bi **M** бал
10	몡 **책**	**E** book **C** 书 **J** 本	**V** Quyển sách **M** ном
11	몡 **공책**	**E** notebook **C** 笔记本 **J** ノート	**V** Quyển tập, quyển vở **M** дэвтэр

어휘와 표현 2

1	몡 **도서관**	**E** library **C** 图书馆 **J** 図書館	**V** Thư viện **M** номын сан
2	몡 **기숙사**	**E** dormitory **C** 宿舍 **J** 寄宿舎、寮	**V** Ký túc xá **M** дотуур байр
3	몡 **학생식당**	**E** student cafeteria **C** 学生食堂 **J** 学生食堂	**V** Căng tin học sinh **M** оюутны хоолны газар
4	몡 **체육관**	**E** gym, gymnasium **C** 体育馆 **J** 体育館	**V** Nhà thi đấu, trung tâm thể thao **M** биеийн тамирын заал

5	명 사무실	**E** office **C** 办公室 **J** 事務室	**V** Văn phòng **M** офис
6	명 화장실	**E** restroom, bathroom **C** 洗手间 **J** トイレ	**V** Nhà vệ sinh **M** ариун цэврийн өрөө
7	명 엘리베이터	**E** elevator **C** 电梯 **J** エレベーター	**V** Thang máy **M** цахилгаан шат
8	명 교실	**E** classroom **C** 教室 **J** 教室	**V** Phòng học, lớp học **M** анги/ танхим

문법 1

1	명 학교	**E** school **C** 学校 **J** 学校	**V** Trường học **M** сургууль
2	명 장소	**E** place **C** 场所 **J** 場所	**V** Địa điểm, nơi chốn **M** газар
3	명 식당	**E** restaurant **C** 食堂;餐厅 **J** 食堂	**V** Quán ăn, nhà hàng **M** хоолны газар

문법 2

1	명 한국어	**E** Korean **C** 韩语 **J** 韓国語	**V** Tiếng Hàn **M** Солонгос хэл

2 무엇입니까?	**E** What is it? **C** 是什么？ **J** 何ですか？	**V** Là cái gì? **M** Энэ юу вэ?
3 어디입니까?	**E** Where is it? **C** 是哪里？ **J** どこですか？	**V** Ở đâu? **M** Хаана байдаг вэ?

대화문

1 명 **영어**	**E** English **C** 英语 **J** 英語	**V** Tiếng Anh **M** Англи хэл

대화 연습

1 명 **사진**	**E** photo **C** 照片 **J** 写真	**V** Tấm hình, bức ảnh **M** зураг
2 명 **사전**	**E** dictionary **C** 词典 **J** 辞典	**V** Từ điển **M** толь бичиг

<2> 숙제가 많습니다

어휘와 표현 1

#	단어	영/중/일	베/몽
1	형 **크다**	E big / C 大 / J 大きい	V To, lớn / M өндөр
2	형 **작다**	E small / C 小 / J 小さい	V Nhỏ, bé / M намхан
3	형 **많다**	E many / C 多 / J 多い	V Nhiều / M их
4	형 **적다**	E a little / C 少 / J 少ない	V Ít / M бага
5	형 **쉽다**	E easy / C 容易, 简单 / J 易しい	V Dễ, dễ dàng / M амархан
6	형 **어렵다**	E difficult / C 难 / J 難しい	V Khó, khó khăn / M хэцүү
7	형 **재미있다**	E interesting, fun / C 有趣的 / J おもしろい	V Thú vị / M сонирхолтой / хөгжилтэй
8	형 **재미없다**	E not interesting, not fun / C 无趣的 / J おもしろくない	V Không thú vị, nhàm chán / M сонирхолгүй

| 9 | 어떻습니까? | **E** How is it?
C 怎么样?
J どうですか? | **V** Như thế nào?
M Ямар вэ? |

어휘와 표현 2

1	명 한국어	**E** Korean **C** 韩语 **J** 韓国語	**V** Tiếng Hàn Quốc **M** Солонгос хэл
2	명 중국어	**E** Chinese **C** 汉语 **J** 中国語	**V** Tiếng Trung Quốc **M** Хятад хэл
3	명 일본어	**E** Japanese **C** 日语 **J** 日本語	**V** Tiếng Nhật Bản **M** Япон хэл
4	명 몽골어	**E** Mongolian **C** 蒙古语 **J** モンゴル語	**V** Tiếng Mông Cổ **M** Монгол хэл
5	명 영어	**E** English **C** 英语 **J** 英語	**V** Tiếng Anh **M** Англи хэл
6	명 베트남어	**E** Vietnamese **C** 越南语 **J** ベトナム語	**V** Tiếng Việt **M** Вьетнам хэл
7	명 공부	**E** study **C** 学习 **J** 勉強	**V** Việc học, sự học **M** хичээл
8	명 숙제	**E** homework **C** 作业 **J** 宿題	**V** Bài tập về nhà **M** гэрийн даалгавар

9	명 시험	**E** exam **C** 考试 **J** 試験	**V** Bài kiểm tra, kì thi **M** шалгалт
10	동 듣다	**E** listen **C** 听 **J** 聞く	**V** Nghe **M** сонсох
11	명 듣기	**E** listening **C** 听力 **J** 聞き取り	**V** Việc nghe **M** сонсгол
12	동 말하다	**E** speak, tell **C** 说 **J** 話す	**V** Nói **M** ярих
13	명 말하기	**E** speaking **C** 说;口语 **J** スピーキング	**V** Việc nói **M** яриа
14	동 읽다	**E** read **C** 读 **J** 読む	**V** Đọc **M** уншиx
15	명 읽기	**E** reading **C** 阅读 **J** 読み取り	**V** Việc đọc **M** уншлага
16	동 쓰다	**E** write **C** 写 **J** 書く	**V** Viết **M** бичих
17	명 쓰기	**E** writing **C** 写作 **J** 書き取り	**V** Việc viết **M** бичих

문법 2

1	동형 **있다**	**E** there is, have **C** 有 **J** ある、いる	**V** Có **M** Байх
2	형 **없다**	**E** there is not, not have **C** 没有 **J** ない、いない	**V** Không có **M** Байхгүй
3	명 **휴대폰**	**E** mobile phone **C** 手机 **J** 携帯電話	**V** Điện thoại di động **M** гар утас
4	명 **방**	**E** room **C** 房间 **J** 部屋	**V** Căn phòng **M** өрөө, тасалгаа
5	명 **지도**	**E** map **C** 地图 **J** 地図	**V** Bản đồ **M** газрын зураг
6	명 **침대**	**E** bed **C** 床 **J** ベット	**V** Cái giường **M** ор

문법 3

1	명 **지갑**	**E** wallet **C** 钱包 **J** 財布	**V** Cái ví **M** хэтэвч, түрүүвч
2	명 **돈**	**E** money **C** 钱 **J** お金	**V** Tiền **M** мөнгө

1과 학교

3	몡 학생증	**E** student ID card **C** 学生证 **J** 学生証	**V** Thẻ học sinh **M** оюутны үнэмлэх
4	몡 선생님	**E** teacher **C** 老师 **J** 先生	**V** Giáo viên **M** багш
5	몡 학생	**E** student **C** 学生 **J** 学生	**V** Học sinh **M** сурагч / оюутан

<3> 활동

듣고 말하기 1

#			
1	명 **기숙사**	🇪 dormitory 🇨 宿舍 🇯 寄宿舎、寮	🇻 Ký túc xá 🇲 дотуур байр
2	명 **서점**	🇪 bookstore 🇨 书店 🇯 本屋	🇻 Hiệu sách 🇲 номын дэлгүүр
3	명 **학생 식당**	🇪 student cafeteria 🇨 学生食堂 🇯 学生食堂	🇻 Căng tin học sinh 🇲 оюутны хоолны газар
4	명 **편의점**	🇪 convenience store 🇨 便利店 🇯 コンビニ	🇻 Cửa hàng tiện lợi 🇲 24цагийн дэлгүүр
5	명 **옷가게**	🇪 clothing store 🇨 服装店 🇯 服屋	🇻 Cửa hàng quần áo 🇲 хувцасны дэлгүүр
6	명 **커피숍**	🇪 coffee shop 🇨 咖啡店 🇯 喫茶店	🇻 Quán cà phê 🇲 кофе шоп
7	명 **꽃집**	🇪 flower shop 🇨 花店 🇯 花屋	🇻 Cửa hàng hoa, tiệm hoa 🇲 цэцгийн дэлгүүр

읽고 말하기

1	명 베트남	**E** Vietnam **C** 越南 **J** ベトナム	**V** Việt Nam **M** Вьетнам
2	명 지금	**E** now **C** 现在 **J** 今	**V** Bây giờ **M** одоо
3	명 대학/대학교	**E** university **C** 大学 **J** 大学/大学校	**V** Trường học/ trường đại học **M** их сургууль
4	명 비빔밥	**E** Bibimbap **C** 拌饭 **J** ピビンバ	**V** Cơm trộn (Bi-bim-bap) **M** бибимбаб
5	명 음식	**E** food **C** 食物 **J** 食べ物	**V** Thức ăn **M** хоол
6	명 오늘	**E** today **C** 今天 **J** 今日	**V** Hôm nay **M** өнөөдөр
7	명 수업	**E** class **C** 课 **J** 授業	**V** Lớp học **M** хичээл
8	명 캐나다	**E** Canada **C** 加拿大 **J** カナダ	**V** Canada **M** Канад
9	명 우체국	**E** post office **C** 邮局 **J** 郵便局	**V** Bưu điện **M** шуудан

10	형 **싸다**	**E** cheap **C** 便宜 **J** 安い	**V** Rẻ **M** хямдхан
11	형 **맛있다**	**E** delicious **C** 可口;好吃 **J** 美味しい	**V** Ngon **M** амттай

워크북

듣기

1	명 **여자**	**E** woman **C** 女;女子;女人 **J** 女	**V** Nữ, phụ nữ **M** эмэгтэй
2	명 **남자**	**E** man **C** 男;男子;男人 **J** 男	**V** Nam, đàn ông **M** эрэгтэй
3	명 **컴퓨터**	**E** computer **C** 电脑 **J** パソコン	**V** Máy tính **M** компьютер

읽기

1	대 **우리**	**E** we **C** 我们 **J** 私たち	**V** Chúng ta **M** бид

1과 학교

2	관 여러	**E** several **C** 几；好几 **J** 様々な	**V** Nhiều **M** олон
3	명 친구	**E** friend **C** 朋友 **J** 友達	**V** Bạn **M** Найз
4	명 떡볶이	**E** Tteok-bokki (stir-fried rice cake) **C** 炒年糕 **J** トッポッキ	**V** Bánh gạo cay (Teok-bokki) **M** догбугги
5	명 김밥	**E** Gimbap(dried seaweed Korean roll) **C** 紫菜包饭 **J** キンパ (のり巻き)	**V** Cơm cuộn (Gimbap) **M** кимбаб
6	형 좋다	**E** good **C** 好 **J** 良い	**V** Tốt **M** Сайн, сайхан
7	동 소개하다	**E** introduce **C** 介绍 **J** 紹介する	**V** Giới thiệu **M** танилцуулах

2과 가족

<1> 어머니는 음악을 가르칩니다

어휘와 표현 1

1	대 **나**	**E** I **C** 我 **J** 私	**V** Tôi **M** би
2	명 **여/여자**	**E** woman **C** 女/女子, 女人 **J** 女	**V** Nữ, phụ nữ **M** эмэгтэй
3	명 **남/남자**	**E** man **C** 男/男子, 男人 **J** 男	**V** Nam, đàn ông **M** эрэгтэй
4	명 **할아버지**	**E** grandfather **C** 爷爷 **J** 祖父	**V** Ông **M** өвөө
5	명 **할머니**	**E** grandmother **C** 奶奶 **J** 祖母	**V** Bà **M** эмээ
6	명 **외할아버지**	**E** maternal grandfather **C** 姥爷/外公 **J** 母方の祖父	**V** Ông ngoại **M** нагац өвөө
7	명 **외할머니**	**E** maternal grandmother **C** 姥姥/外婆 **J** 母方の祖母	**V** Bà ngoại **M** нагац эмээ

8	명 아버지	**E** father **C** 爸爸/父亲 **J** 父	**V** Bố **M** аав
9	명 어머니	**E** mother **C** 妈妈/母亲 **J** 母	**V** Mẹ **M** ээж
10	명 오빠	**E** (a girl's) older brother **C** 哥哥 (女性用) **J** 兄 (女性が呼ぶとき)	**V** Anh trai (Ngôi xưng là nữ) **M** ах /эмэгтэй хүн/
11	명 형	**E** (a boy's) older brother **C** 哥哥 (男性用) **J** 兄 (男性が呼ぶとき)	**V** Anh trai (Ngôi xưng là nam) **M** ах /эрэгтэй хүн/
12	명 언니	**E** (a girl's) older sister **C** 姐姐 (女性用) **J** 姉 (女性が呼ぶとき)	**V** Chị gái (Ngôi xưng là nữ) **M** эгч /эмэгтэй хүн/
13	명 누나	**E** (a boy's) older sister **C** 姐姐 (男性用) **J** 姉 (男性が呼ぶとき)	**V** Chị gái (Ngôi xưng là nam) **M** эгч /эрэгтэй хүн/
14	명 여동생	**E** younger sister **C** 妹妹 **J** 妹	**V** Em gái **M** эмэгтэй дүү
15	명 남동생	**E** younger brother **C** 弟弟 **J** 弟	**V** Em trai **M** эрэгтэй дүү

어휘와 표현 2

1	명 회사원	**E** office worker **C** 公司职员 **J** 会社員	**V** Nhân viên văn phòng **M** компаний ажилтан

2	명 은행원	**E** bank clerk **C** 银行职员 **J** 銀行員	**V** Nhân viên ngân hàng **M** банкны ажилтан
3	명 운동선수	**E** athlete **C** 运动选手 **J** 運動選手	**V** Vận động viên thể thao **M** тамирчин
4	명 가수	**E** singer **C** 歌手 **J** 歌手	**V** Ca sĩ **M** дуучин
5	명 요리사	**E** cook/chef **C** 厨师 **J** 料理人	**V** Đầu bếp **M** тогооч
6	명 선생님	**E** teacher **C** 老师 **J** 先生	**V** Giáo viên **M** багш
7	명 대학생	**E** university student **C** 大学生 **J** 大学生	**V** Sinh viên **M** их сургуулийн оюутан
8	동 일하다	**E** work **C** 工作 **J** 働く	**V** Làm việc **M** ажил хийх
9	동 공부하다	**E** study **C** 学习 **J** 勉強する	**V** Học **M** хичээл хийх
10	동 가르치다	**E** teach **C** 教 **J** 教える	**V** Dạy **M** заах

문법 1

1	명 드라마	**E** drama **C** 电视剧 **J** ドラマ	**V** Kịch, phim truyền hình **M** драма
2	명 빵	**E** bread **C** 面包 **J** パン	**V** Bánh mì **M** талх
3	명 음악	**E** music **C** 音乐 **J** 音楽	**V** Âm nhạc **M** хөгжим
4	명 커피	**E** coffee **C** 咖啡 **J** コーヒー	**V** Cà phê **M** кофе
5	대 저	**E** I (humble form of '나') **C** 我 **J** 私	**V** Tôi **M** би
6	동 보다	**E** see **C** 看 **J** 見る	**V** Nhìn, xem **M** харах
7	동 먹다	**E** eat **C** 吃 **J** 食べる	**V** Ăn **M** идэх
8	동 마시다	**E** drink **C** 喝 **J** 飲む	**V** Uống **M** уух
9	동 만나다	**E** meet **C** 见, 见面 **J** 会う	**V** Gặp **M** уулзах

문법 2

1	명 **자동차 회사**	**E** car company **C** 汽车公司 **J** 自動車会社	**V** Công ty xe hơi **M** машины компани
2	명 **은행**	**E** bank **C** 银行 **J** 銀行	**V** Ngân hàng **M** банк
3	명 **학교 서점**	**E** school bookstore **C** 学校书店 **J** 学校の書店	**V** Hiệu sách trường học **M** сургуулийн номын дэлгүүр
4	명 **점심**	**E** lunch **C** 午餐 **J** 昼食	**V** Bữa trưa **M** өдрийн хоол
6	동 **사다**	**E** buy **C** 买 **J** 買う	**V** Mua **M** худалдаж авах
7	동 **공부하다**	**E** study **C** 学习 **J** 勉強する	**V** Học **M** хичээл хийх

대화문

1	명 **분**	**E** person(honorific form of '사람') **C** 位 **J** お方、~方、~名様	**V** (kính ngữ) Vị **M** хүн
2	명 **고등학교**	**E** high school **C** 高中 **J** 高校	**V** Trường trung học phổ thông **M** ахлах сургууль

대화 연습

1	명 이탈리아	**E** Italy **C** 意大利 **J** イタリア	**V** Nước Ý **M** Итали
2	명 식당	**E** restaurant **C** 食堂, 餐厅 **J** 食堂	**V** Nhà hàng **M** хоолны газар
3	명 미국	**E** United States of America **C** 美国 **J** アメリカ	**V** Mỹ **M** Америк
4	명 컴퓨터 회사	**E** computer company **C** 计算机公司 **J** コンピューター会社	**V** Công ty máy tính **M** Компьютерын компани
5	명 직업	**E** job **C** 职业 **J** 職業	**V** Công việc **M** ажил

워크북

문법

1	동 가다	**E** go **C** 去 **J** 行く	**V** Đi **M** явах

2	동 보다	**E** see **C** 看 **J** 見る	**V** Nhìn, xem **M** харах
3	동 마시다	**E** drink **C** 喝 **J** 飲む	**V** Uống **M** уух
4	동 공부하다	**E** study **C** 学习 **J** 勉強する	**V** Học **M** хичээл хийх
5	동 가르치다	**E** teach **C** 教 **J** 教える	**V** Dạy **M** заах
6	동 먹다	**E** eat **C** 吃 **J** 食べる	**V** Ăn **M** идэх
7	동 듣다	**E** listen **C** 听 **J** 聞く	**V** Nghe **M** сонсох
8	동 읽다	**E** read **C** 读 **J** 読む	**V** Đọc **M** унших
9	동 입다	**E** wear **C** 穿 **J** 着る	**V** Mặc **M** өмсөх
10	동 받다	**E** receive **C** 接收, 收到, 得到 **J** 受ける、もらう	**V** Nhận **M** авах
11	동 쓰다	**E** write **C** 写 **J** 書く	**V** Viết **M** бичих

12	동 요리하다	**E** cook **C** 做菜 **J** 料理する	**V** Nấu ăn **M** хоол хийх
13	명 편지	**E** letter **C** 信 **J** 手紙	**V** Bức thư **M** захидал
14	명 신문	**E** newspaper **C** 报纸 **J** 新聞	**V** Báo **M** сонин
15	명 저녁	**E** dinner **C** 晚饭, 晚上 **J** 夕食	**V** Bữa tối **M** оройн хоол
16	명 영화관	**E** movie theater **C** 电影院 **J** 映画館	**V** Rạp chiếu phim **M** кино театр
17	명 부엌	**E** kitchen **C** 厨房 **J** キッチン、台所	**V** Nhà bếp **M** гал тогоо

<2> 언니를 만나고 싶습니다

어휘와 표현 2

1	명 한국 / 서울	**E** Republic of Korea / Seoul **C** 韩国/首尔 **J** 韓国/ソウル	**V** Hàn Quốc/ Seoul **M** Солонгос/ Сөүл
2	명 미국 / 워싱턴	**E** United States of America / Washington **C** 美国/华盛顿 **J** アメリカ/ワシントン	**V** Mỹ/ Washington **M** Америк/ Вашингтон
3	명 일본 / 도쿄	**E** Japan / Tokyo **C** 日本/东京 **J** 日本/東京	**V** Nhật Bản/ Tokyo **M** Япон/ Токио
4	명 중국 / 베이징	**E** China / Beijing **C** 中国/北京 **J** 中国/北京	**V** Trung Quốc/ Bắc Kinh **M** Хятад/ Бээжин
5	명 베트남 / 하노이	**E** Vietnam / Hanoi **C** 越南/河内 **J** ベトナム/ハノイ	**V** Việt Nam/ Hà Nội **M** Вьетнам/ Ханой
6	명 영국 / 런던	**E** United Kingdom / London **C** 英国/伦敦 **J** イギリス/ロンドン	**V** Anh/ Luân Đôn **M** Англи/ Лондон
7	명 캐나다 / 오타와	**E** Canada / Ottawa **C** 加拿大/渥太华 **J** カナダ/オタワ	**V** Canada/ Ottawa **M** Канад/ Оттава

8	명 독일 / 베를린	**E** Germany / Berlin **C** 德国/柏林 **J** ドイツ/ベルリン	**V** Đức/ Berlin **M** Герман/ Берлин
9	명 러시아 / 모스크바	**E** Russia / Moscow **C** 俄罗斯/莫斯科 **J** ロシア/モスクワ	**V** Nga/ Mát-xcơ-va **M** Орос/ Москва
10	사진을 찍다	**E** take a photo **C** 拍照片 **J** 写真を撮る	**V** Chụp ảnh **M** зураг авах
11	노래를 하다	**E** sing a song **C** 唱歌 **J** 歌を歌う	**V** Hát **M** дуулах
12	쇼핑을 하다	**E** go shopping **C** 购物 **J** 買い物をする	**V** Mua sắm **M** дэлгүүр хэсэх
13	여행을 하다	**E** travel **C** 旅行 **J** 旅行をする	**V** Du lịch **M** аялах
14	수영을 하다	**E** swim **C** 游泳 **J** 水泳をする	**V** Bơi **M** сэлэх
15	영화를 보다	**E** watch a movie **C** 看电影 **J** 映画を見る	**V** Xem phim **M** кино үзэх
16	동 좋아하다	**E** like **C** 喜欢 **J** 好きだ、好む	**V** Thích **M** дуртай байх
17	동 싫어하다	**E** hate **C** 讨厌；不喜欢 **J** 嫌いだ、嫌がる	**V** Ghét **M** дургүй байх

18	명 한국 음식	**E** Korean food **C** 韩餐, 韩国饮食 **J** 韓国料理	**V** Đồ ăn Hàn Quốc **M** Солонгос хоол
19	명 삼겹살	**E** Samgyeopsal (grilled pork belly) **C** 五花肉 **J** サムギョプサル	**V** Thịt ba chỉ **M** самгёбсал

문법 1

1	대 누구	**E** who **C** 谁 **J** 誰	**V** Ai **M** хэн
2	명 피자	**E** pizza **C** 披萨 **J** ピザ	**V** Pizza **M** пицца
3	명 제주도	**E** Jeju Island **C** 济州岛 **J** 済州島 (チェジュ島)	**V** Đảo Jeju **M** Жэжу арал
4	명 영화	**E** movie **C** 电影 **J** 映画	**V** Phim **M** кино
5	동 살다	**E** live **C** 生活 **J** 生きる、住む	**V** Sống **M** амьдрах

문법 2

1	명 의사	**E** doctor **C** 医生 **J** 医師	**V** Bác sĩ **M** эмч
2	명 영화배우	**E** movie actor/actress **C** 电影演员 **J** 映画俳優	**V** Diễn viên **M** кино жүжигчин
3	명 병원	**E** hospital **C** 医院 **J** 病院	**V** Bệnh viện **M** эмнэлэг
4	명 학생증	**E** student ID card **C** 学生证 **J** 学生証	**V** Thẻ học sinh **M** оюутны үнэмлэх
5	명 생년월일	**E** date of birth **C** 出生日期 **J** 生年月日	**V** Ngày tháng năm sinh **M** төрсөн он сар өдөр
6	명 학번	**E** student ID number **C** 学号 **J** 学籍番号	**V** Mã số học sinh **M** элсэлтийн дугаар
7	명 국적	**E** nationality **C** 国籍 **J** 国籍	**V** Quốc tịch **M** иргэний харьяалал

대화문

1	명 인사동	**E** Insa-dong **C** 仁寺洞 **J** 仁寺洞 (インサドン)	**V** Phố Insadong **M** Инса хороо

| 2 | 🟦 빨리 | 🇬🇧 quickly
🇨🇳 快;赶快;赶紧
🇯🇵 はやく | 🇻🇳 Nhanh
🇲🇳 хурдан |

대화 연습

1	명 이태원	🇬🇧 Itaewon 🇨🇳 梨泰院 🇯🇵 梨泰院 (イテウォン)	🇻🇳 Itaewon 🇲🇳 Итэвон
2	명 주부	🇬🇧 housewife 🇨🇳 主妇 🇯🇵 主婦	🇻🇳 Nội trợ 🇲🇳 гэрийн эзэгтэй
3	명 기자	🇬🇧 journalist 🇨🇳 记者 🇯🇵 記者	🇻🇳 Nhà báo, kí giả 🇲🇳 сэтгүүлч
4	명 고향 친구	🇬🇧 hometown friend 🇨🇳 同乡;老乡 🇯🇵 故郷の友達	🇻🇳 Bạn cùng quê 🇲🇳 төрсөн нутгийн найз

워크북

문법

| 1 | 명 다리 | 🇬🇧 leg
🇨🇳 腿
🇯🇵 脚 | 🇻🇳 Chân
🇲🇳 гүүр |

2	형 아프다	**E** hurt **C** 疼 ; 生病 **J** 痛い	**V** Đau, ốm **M** өвдөх
3	잠을 자다	**E** sleep **C** 睡觉 **J** 睡眠をとる	**V** Ngủ **M** унтах
4	형 피곤하다	**E** tired **C** 疲惫, 累 **J** 疲れる	**V** Mệt **M** ядрах
5	동 앉다	**E** sit **C** 坐 **J** 座る	**V** Ngồi **M** суух
6	명 불고기	**E** Bulgogi (marinated beef) **C** 烤肉 **J** プルコギ	**V** Thịt bò nướng (Bulgogi) **M** булгуги
7	명 마트	**E** mart **C** 超市 **J** マート、スーパー	**V** Siêu thị **M** худалдааны төв
8	명 바나나	**E** banana **C** 香蕉 **J** バナナ	**V** Quả chuối **M** гадил, банана
9	명 방학	**E** vacation **C** 放假 **J** 休み (学期間の休み)	**V** Kỳ nghỉ **M** сургуулийн амралт
10	명 태권도	**E** Taekwondo **C** 跆拳道 **J** テコンドー	**V** Võ Taekwondo **M** тэквондо

| 11 | 동 배우다 | E learn
C 学, 学习
J 学ぶ | V Học
M cypax |

<3> 활동

듣고 말하기 1

1	관 **무슨**	**E** what kind of **C** 什么 **J** 何	**V** Loại gì, gì **M** ямар
2	명 **축구 선수**	**E** soccer player **C** 足球运动员, 足球选手 **J** サッカー選手	**V** Cầu thủ bóng đá **M** хөлбөмбөгийн тамирчин
3	명 **요리**	**E** cooking **C** 料理 ; 菜 **J** 料理	**V** Nấu ăn **M** хоол
4	명 **운동**	**E** exercise **C** 运动 **J** 運動	**V** Thể thao, vận động **M** биеийн тамир
5	명 **여행**	**E** travel **C** 旅行 **J** 旅行	**V** Du lịch **M** аялал

듣고 말하기 2

1	명 **반 친구**	**E** classmate **C** 同班同学 **J** クラスメイト	**V** Bạn cùng lớp **M** ангийн найз
2	명 **케이팝 댄스**	**E** K-pop dance **C** k-pop舞蹈 **J** k-popダンス	**V** Vũ đạo Kpop **M** Кпоп бүжиг

읽고 말하기

1	명 초등학교	**E** elementary school **C** 小学 **J** 小学校	**V** Trường tiểu học **M** бага сургууль
2	명 하노이	**E** Hanoi **C** 河内 **J** ハノイ	**V** Hà Nội **M** Ханой
3	명 수학	**E** mathematics **C** 数学 **J** 数学	**V** Toán học **M** математик
4	명 컴퓨터 게임	**E** computer game **C** 电脑游戏 **J** コンピューターゲーム	**V** Trò chơi máy tính **M** компьютерын тоглоом
5	명 꿈	**E** dream **C** 梦 **J** 夢	**V** Ước mơ **M** мөрөөдөл /зүүд
6	명 프로 게이머	**E** professional gamer **C** 职业玩家 **J** プロゲーマー	**V** Game thủ chuyên nghiệp **M** шилдэг тоглогч
7	명 매일	**E** every day **C** 每天 **J** メール	**V** Mỗi ngày **M** өдөр бүр
8	명 방	**E** room **C** 房间 **J** 部屋	**V** Phòng **M** өрөө
9	부 정말	**E** really **C** 真的 **J** 本当に	**V** Thật sự **M** үнэхээр

| 10 | 부 아주 | **E** very
C 很；非常
J 非常に、とても | **V** Rất
M маш, их, тун |

함께 해 봅시다

| 1 | 명 등산 | **E** hiking
C 登山
J 登山 | **V** Leo núi
M уул |

워크북

듣기 · 읽기

1	명 공원	**E** park **C** 公园 **J** 公園	**V** Công viên **M** цэцэрлэгт хүрээлэн
2	자전거를 타다	**E** ride a bicycle **C** 骑自行车 **J** 自転車に乗る	**V** Đạp xe **M** унадаг дугуй унах
3	명 농구	**E** basketball **C** 篮球 **J** バスケットボール	**V** Bóng rổ **M** сагсан бөмбөг
4	동 쇼핑하다	**E** go shopping **C** 购物 **J** 買い物をする	**V** Mua sắm **M** дэлгүүр хэсэх

5	부 그래서	E therefore, so C 所以 J それで、だから	V Vì vậy, vậy nên M тийммэс
6	부 같이	E together C 一起 J いっしょに	V Cùng nhau M хамт
7	명 패션 디자이너	E fashion designer C 服装设计师 J ファッションデザイナー	V Nhà thiết kế thời trang M загвар зохион бүтээгч

3과 날짜와 요일

<1> 생일이 언제예요?

어휘와 표현 1

숫자

1	1 [일]	**E** one **C** 一 **J** 一	**V** Một **M** Нэг
2	2 [이]	**E** two **C** 二 **J** 二	**V** Hai **M** Хоёр
3	3 [삼]	**E** three **C** 三 **J** 三	**V** Ba **M** Гурав
4	4 [사]	**E** four **C** 四 **J** 四	**V** Bốn **M** Дөрөв
5	5 [오]	**E** five **C** 五 **J** 五	**V** Năm **M** Тав
6	6 [육]	**E** six **C** 六 **J** 六	**V** Sáu **M** Зургаа

7	7 [칠]	**E** seven **C** 七 **J** 七	**V** Bảy **M** Долоо
8	8 [팔]	**E** eight **C** 八 **J** 八	**V** Tám **M** Найм
9	9 [구]	**E** nine **C** 九 **J** 九	**V** Chín **M** Ес
10	10 [십]	**E** ten **C** 十 **J** 十	**V** Mười **M** Арав
11	20 [이십]	**E** twenty **C** 二十 **J** 二十	**V** Hai mươi **M** Хорь
12	30 [삼십]	**E** thirty **C** 三十 **J** 三十	**V** Ba mươi **M** Гуч
13	40 [사십]	**E** forty **C** 四十 **J** 四十	**V** Bốn mươi **M** Дөч
14	50 [오십]	**E** fifty **C** 五十 **J** 五十	**V** Năm mươi **M** Тавь
15	60 [육십]	**E** sixty **C** 六十 **J** 六十	**V** Sáu mươi **M** Жар
16	70 [칠십]	**E** seventy **C** 七十 **J** 七十	**V** Bảy mươi **M** Дал

17	80 [팔십]	**E** eighty **C** 八十 **J** 八十	**V** Tám mươi **M** Ная
18	90 [구십]	**E** ninety **C** 九十 **J** 九十	**V** Chín mươi **M** Ep
19	100 [백]	**E** one hundred **C** 一百 **J** 百	**V** Một trăm **M** Зуу

1	명 자동차	**E** car **C** 汽车 **J** 自動車	**V** Xe hơi **M** машин
2	명 번호	**E** number **C** 号码 **J** 番号	**V** Số **M** дугаар
3	명 빌딩	**E** building **C** 高楼, 大厦, 大楼, 建筑 **J** ビル	**V** Tòa nhà **M** барилга
4	명 층	**E** floor(of the building) **C** 层 **J** 階	**V** Tầng **M** давхар
5	명 버스	**E** bus **C** 公交车 **J** バス	**V** Xe buýt **M** автобус
6	명 번	**E** number **C** 路, 号 **J** 番	**V** Lần/ Số lần **M** дугаар/ _дах

7	명 페이지	E page C 页, 面 J ページ	V Trang M хуудас

어휘와 표현 2

1	명 월	E month C 月 J 月	V Tháng M сap
2	명 일	E day C 日 J 日	V Ngày M өдөр
3	오늘이 며칠입니까?	E What's the date today? C 今天是几号? J 今日は何日ですか?	V Hôm nay là ngày mấy? M Өнөөдөр хэддэх өдөр вэ?
4	1월[일월]	E January C 一月 J 1月	V Tháng 1 M 1-р сap
5	2월[이월]	E February C 二月 J 2月	V Tháng 2 M 2-р сap
6	3월[삼월]	E March C 三月 J 3月	V Tháng 3 M 3-р сap
7	4월[사월]	E April C 四月 J 4月	V Tháng 4 M 4-р сap
8	5월[오월]	E May C 五月 J 5月	V Tháng 5 M 5-р сap

3과 날짜와 요일

9	6월[*유월]	🇪 June 🇨 六月 🇯 6月	🇻 Tháng 6 🇲 6-р сар
10	7월[칠월]	🇪 July 🇨 七月 🇯 7月	🇻 Tháng 7 🇲 7-р сар
11	8월[팔월]	🇪 August 🇨 八月 🇯 8月	🇻 Tháng 8 🇲 8-р сар
12	9월[구월]	🇪 September 🇨 九月 🇯 9月	🇻 Tháng 9 🇲 9-р сар
13	10월[*시월]	🇪 October 🇨 十月 🇯 10月	🇻 Tháng 10 🇲 10-р сар
14	11월[십일월]	🇪 November 🇨 十一月 🇯 11月	🇻 Tháng 11 🇲 11-р сар
15	12월[십이월]	🇪 December 🇨 十二月 🇯 12月	🇻 Tháng 12 🇲 12-р сар

문법 1

1	등산을 하다	🇪 go hiking 🇨 登山 🇯 登山をする	🇻 Leo núi 🇲 ууланд авирах
2	파티(를) 하다	🇪 have a party 🇨 举办聚会 🇯 パーティー(を)する	🇻 Mở tiệc 🇲 үдэшлэг зохиох

3	명 **생일**	**E** birthday **C** 生日 **J** 誕生日	**V** Sinh nhật **M** төрсөн өдөр
4	명 **케이크**	**E** cake **C** 蛋糕 **J** ケーキ	**V** Bánh ngọt **M** бялуу

문법 2

1	명 **고향**	**E** hometown **C** 故乡 **J** 故郷、ふるさと	**V** Quê hương **M** төрсөн нутаг
2	명 **중학교**	**E** middle school **C** 中学 **J** 中学校	**V** Trường trung học cơ sở **M** дунд сургууль
3	명 **자기소개**	**E** self-introduction **C** 自我介绍 **J** 自己紹介	**V** Giới thiệu bản thân **M** өөрийн танилцуулга

대화 연습

1	명 **노래방**	**E** Karaoke **C** 练歌房, KTV **J** カラオケ	**V** Phòng karaoke **M** караоке

<2> 토요일에 북한산에 갔어요

어휘와 표현 1

#	단어	영어 / 중국어 / 일본어	베트남어 / 몽골어
1	명 **휴일**	**E** holiday **C** 休息日, 节假日 **J** 休日	**V** Ngày nghỉ **M** амралтын өдөр
2	명 **주말**	**E** weekend **C** 周末 **J** 週末	**V** Cuối tuần **M** долоон хоногийн сүүл, хагас бүтэнсайн
3	명 **방학**	**E** vacation **C** 放假 **J** 休み (学期間の休み)	**V** Kỳ nghỉ **M** сургуулийн амралт
4	명 **어제**	**E** yesterday **C** 昨天 **J** 昨日	**V** Hôm qua **M** өчигдөр
5	명 **지난주**	**E** last week **C** 上周 **J** 先週	**V** Tuần trước **M** өнгөрсөн долоо хоног
6	명 **지난달**	**E** last month **C** 上个月 **J** 先月	**V** Tháng trước **M** өнгөрсөн сар
7	명 **작년**	**E** last year **C** 去年 **J** 去年	**V** Năm ngoái **M** өнгөрсөн жил
8	명 **달력**	**E** calendar **C** 日历 **J** カレンダー	**V** Lịch **M** хуанли

요일

1	명 **월요일**	E Monday C 星期一 J 月曜日	V Thứ Hai M Даваа
2	명 **화요일**	E Tuesday C 星期二 J 火曜日	V Thứ Ba M Мягмар
3	명 **수요일**	E Wednesday C 星期三 J 水曜日	V Thứ Tư M Лхагва
4	명 **목요일**	E Thursday C 星期四 J 木曜日	V Thứ Năm M Пүрэв
5	명 **금요일**	E Friday C 星期五 J 金曜日	V Thứ Sáu M Баасан
6	명 **토요일**	E Saturday C 星期六 J 土曜日	V Thứ Bảy M Бямба
7	명 **일요일**	E Sunday C 星期日 J 日曜日	V Chủ Nhật M Ням

어휘와 표현 2

1	명 **극장** **(영화관)**	E theater C 剧场 ; 电影院 J 劇場 (映画館)	V Rạp chiếu phim M кино театр

2	명 서점	**E** bookstore **C** 书店 **J** 書店	**V** Hiệu sách **M** номын дэлгүүр
3	명 공원	**E** park **C** 公园 **J** 公園	**V** Công viên **M** цэцэрлэгт хүрээлэн
4	명 백화점	**E** department store **C** 百货商场 **J** 百貨店、デパート	**V** Trung tâm thương mại **M** их дэлгүүр
5	명 옷	**E** clothes **C** 衣服 **J** 服	**V** Quần áo **M** хувтас
6	동 걷다	**E** walk **C** 走;步行 **J** 歩く	**V** Đi bộ **M** алхах
7	동 묻다	**E** ask **C** 问 **J** 尋ねる	**V** Hỏi **M** асуух

문법 1

1	명 선물	**E** gift **C** 礼物 **J** プレゼント	**V** Quà **M** бэлэг
2	주말 잘 지냈어요?	**E** How was your weekend? **C** 周末过得好吗? **J** 週末は良く過ごしましたか? **V** Cuối tuần của bạn thế nào? **M** Амралтын өдрөө сайн өнгөрөөсөн үү?	

문법 2

1	명 **남산 공원**	🇪 Namsan Park 🇨 南山公园 🇯 南山公園	🇻 Công viên Namsan 🇲 Намсан цэцэрлэгт хүрээлэн
2	동 **운동하다**	🇪 exercise 🇨 做运动 🇯 運動する	🇻 Tập thể thao 🇲 Дасгал хийх
3	대 **언제**	🇪 when 🇨 什么时候 🇯 いつ	🇻 Khi nào 🇲 хэзээ

문법 3

1	부 **혼자**	🇪 alone 🇨 单独；独自 🇯 一人	🇻 Một mình 🇲 ганцаараа
2	명 **부산**	🇪 Busan 🇨 釜山 🇯 釜山	🇻 Busan 🇲 Бусан хот
3	명 **자갈치 시장**	🇪 Jagalchi Market 🇨 扎嘎其市场 🇯 チャガルチ市場	🇻 Chợ Jagalchi 🇲 Чагальчи зах
4	명 **생선회**	🇪 Saengseonhoe (sliced raw fish) 🇨 生鱼片 🇯 刺身	🇻 Sashimi, cá sống 🇲 суши

3과 날짜와 요일

대화문

1	**주말 잘 보냈어요?**	**E** How was your weekend? **C** 周末过得好吗？ **J** 週末は良く過ごしましたか？ **V** Cuối tuần của bạn thế nào? **M** Амралтын өдрөө сайн өнгөрөөсөн үү?	
2	**동 쉬다**	**E** rest **C** 休息 **J** 休む	**V** Nghỉ ngơi **M** амрах
3	**명 북한산**	**E** Bukhansan Mountain **C** 北汉山 **J** 北漢山	**V** Núi Bukhan **M** Пугхан уул

대화 연습

1	**명 홍대입구**	**E** entrance of Hongik University **C** 弘大入口 **J** 弘大入口	**V** Lối vào Đại học Hongik **M** Хүндэ /метроны буудал/
2	**명 서울숲**	**E** Seoul Forest **C** 首尔林 **J** ソウルの森	**V** Khu rừng Seoul **M** Сөүлсүб, сөүл ой мод

워크북

어휘와 표현

1	명 **학기**	🇪 semester 🇨 学期 🇯 学期	🇻 Học kỳ 🇲 хичээлийн улирал
2	동 **끝나다**	🇪 finish 🇨 结束, 完结 🇯 終わる	🇻 Kết thúc 🇲 дуусах

문법

1	명 **지난 주말**	🇪 last weekend 🇨 上周末 🇯 先週末	🇻 Tuần trước 🇲 өнгөрсөн 7 хоног
2	명 **공항**	🇪 airport 🇨 机场 🇯 空港	🇻 Sân bay 🇲 онгоцны буудал
3	명 **약국**	🇪 pharmacy 🇨 药店 🇯 薬局	🇻 Nhà thuốc 🇲 Эмийн сан
4	명 **약**	🇪 medicine 🇨 药 🇯 薬	🇻 Thuốc 🇲 эм
5	명 **수영장**	🇪 swimming pool 🇨 游泳馆, 游泳池 🇯 水泳場、プール	🇻 Bể bơi 🇲 усан сан

3과 날짜와 요일

6	명 신발	**E** shoes **C** 鞋 **J** 履物	**V** Giày, dép **M** гутал
7	명 운동장	**E** playground **C** 操场 **J** 運動場	**V** Sân vận động **M** спорт заал
8	동 축구하다	**E** play soccer **C** 踢足球 **J** サッカーをする	**V** Chơi đá bóng **M** хөлбөмбөг тоглох

<3> 활동

듣고 말하기 1

1	형 **심심하다**	**E** bored **C** 无聊 **J** 退屈だ	**V** Buồn chán **M** уйдах
2	동 **연습하다**	**E** practice **C** 练习 **J** 練習する	**V** Luyện tập **M** сургуулилт хийх

듣고 말하기 2

1	동 **요리하다**	**E** cook **C** 做菜 **J** 料理をする	**V** Nấu ăn **M** хоол хийх
2	**음식을 만들다**	**E** make food **C** 下厨, 做饭 **J** 料理を作る	**V** Nấu ăn **M** хоол хийх
3	명 **화장품**	**E** cosmetics **C** 化妆品 **J** 化粧品	**V** Mỹ phẩm **M** гоо сайхны бүтээгдэхүүн
4	동 **받다**	**E** receive **C** 收到 ; 受到 **J** 受ける、もらう	**V** Nhận **M** авах
5	동 **주다**	**E** give **C** 给 **J** 与える、くれる	**V** Cho **M** өгөх

읽고 말하기

1	몡 남산 서울 타워	**E** Namsan Seoul Tower **C** 南山首尔塔 **J** 南山ソウルタワー	**V** Tháp Namsan – Seoul **M** Намсан Сөүл цамхаг
2	몡 한강	**E** Han River **C** 汉江 **J** 漢江	**V** Sông Hàn **M** Хан мөрөн
3	몡 북촌 한옥 마을	**E** Bukchon Hanok Village **C** 北村韩屋村 **J** 北村韓屋村	**V** Làng Bukchon Hanok **M** Пүгчүн Хануг тосгон
4	몡 하늘 공원	**E** Haneul Park **C** 天空公园 **J** ハヌル公園	**V** Công viên Haneul **M** Ханыл цэцэрлэгт хүрээлэн
5	몡 월드컵 경기장	**E** World Cup Stadium **C** 世界杯竞技场 **J** ワールドカップ競技場	**V** Sân vận động World Cup **M** Ворлд Коп уралдааыб талбай
6	혱 높다	**E** high **C** 高 **J** 高い	**V** Cao **M** өндөр
7	동 올라가다	**E** go up **C** 上去；上升 **J** 上がる	**V** Tăng lên, đi lên **M** өгсөх
8	혱 힘들다	**E** hard, exhausting **C** 吃力, 困难 **J** つらい	**V** Vất vả **M** хэцүү байх
9	혱 가깝다	**E** close, nearby **C** 近 **J** 近い	**V** Gần **M** ойрхон байх

10 형 멋있다	**E** wonderful, cool **C** 潇洒, 帅气 **J** 格好いい	**V** Ngầu, tuyệt **M** ганган, хээнцэр, догь
11 자전거를 타다	**E** ride a bicycle **C** 骑自行车 **J** 自転車に乗る	**V** Đi xe đạp **M** дугуй унах
12 부 그래서	**E** so **C** 所以 **J** それで、だから	**V** Vì thế, nên **M** тэгээд
13 부 또	**E** again **C** 又, 再, 还 **J** また	**V** Lần nữa **M** бас
14 부 같이	**E** together **C** 一起 **J** 一緒に	**V** Cùng nhau **M** хамт
15 명 치킨	**E** chicken **C** 炸鸡 **J** チキン	**V** Gà rán, thịt gà **M** шарсан тахиа

읽고 말하기

1 명 삼청동	**E** Samcheong-dong **C** 三清洞 **J** 三清洞	**V** Phường Samcheong **M** Самчонг хороо
2 명 칼국수	**E** Kalguksu(noodle soup) **C** 刀切面 **J** カルグクス	**V** Mì cắt Hàn Quốc **M** Калгугсу
3 명 삼청 공원	**E** Samcheong Park **C** 三清公园 **J** 三清公園	**V** Công viên Samcheong **M** самчонг цэцэрлэгт хүрээлэн

워크북

듣기 · 읽기

#			
1	명 날짜	🇪 date 🇨 时间, 日期 🇯 日付	🇻 Ngày 🇲 өдөр хоног
2	명 티셔츠	🇪 t-shirt 🇨 T恤衫 🇯 Tシャツ	🇻 Áo thun 🇲 подволк
3	명 생일 축하 노래	🇪 birthday song 🇨 生日歌 🇯 誕生日のお祝いの歌	🇻 Bài hát chúc mừng sinh nhật 🇲 төрсөн өдрийн дуу
4	노래를 부르다	🇪 sing a song 🇨 唱歌 🇯 歌を歌う	🇻 Hát 🇲 дуу дуулах
5	부 그리고	🇪 and 🇨 还有, 并且, 然后 🇯 そして	🇻 Và 🇲 тэгээд
6	부 그렇지만	🇪 but 🇨 但是, 可是, 然而 🇯 けれども, しかし	🇻 Nhưng mà 🇲 тэгсэн ч гэсэн

'ㄷ'동사 불규칙

기본형	의미	현재 시제	
1 동 듣다	E listen C 听 J 聞く V nghe M сонсох	들어요	듣습니다
2 동 걷다	E walk C 走 J 歩く V đi bộ M алхах	걸어요	걷습니다
3 동 묻다	E ask C 问 J 尋ねる V hỏi M асуух	물어요	묻습니다

4과 식당

<1> 우리 뭘 먹으러 갈까요?

어휘와 표현 1

1	명 **한식집**	🇪 Korean restaurant 🇨 韩餐厅 🇯 韓国料理店	🇻 Nhà hàng Hàn Quốc 🇲 Солонгос хоолны газар
2	명 **중국집**	🇪 Chinese restaurant 🇨 中国餐厅 🇯 中国料理店	🇻 Nhà hàng Trung Quốc 🇲 Хятад хоолны газар
3	명 **일식집**	🇪 Japanese restaurant 🇨 日料店 🇯 日本料理店	🇻 Nhà hàng Nhật Bản 🇲 Япон хоолны газар
4	명 **분식집**	🇪 Korean snack bar 🇨 小吃店, 面馆 🇯 粉食店	🇻 Quầy ăn vặt, quán thức ăn nhẹ 🇲 бэлэн хоолны газар

어휘와 표현 2

1	명 **불고기**	🇪 Bulgogi (marinated beef) 🇨 烤肉 🇯 プルコギ	🇻 Thịt bò nướng (Bulgogi) 🇲 бүлгуги

2	명 비빔밥	**E** Bibimbap **C** 拌饭 **J** ピビンバ	**V** Cơm trộn (Bi-bimbap) **M** бибимбаб
3	명 짜장면	**E** Jajangmyeon(black bean sauce noodles) **C** 炸酱面 **J** ジャージャー麺	**V** Mỳ tương đen **M** жантай гоймон
4	명 짬뽕	**E** Jjamppong(spicy seafood noodles) **C** 辣海鲜面 **J** チャンポン	**V** Mỳ cay hải sản **M** жамбун
5	명 우동	**E** udon(Japanese style noodle) **C** 乌冬面 **J** うどん	**V** Mỳ Udon **M** удон
6	명 초밥	**E** sushi **C** 寿司 **J** すし	**V** Sushi **M** суши
7	명 김밥	**E** Gimbap **C** 紫菜包饭 **J** キンパ (のり巻)	**V** Cơm cuộn Hàn Quốc (Gimbap) **M** кимбаб
8	명 떡볶이	**E** Tteok-bokki (stir-fried rice cake) **C** 辣炒年糕 **J** トッポッキ	**V** Bánh gạo cay Hàn Quốc (Teokk-bokki) **M** догбугги
9	명 라면	**E** ramen (instant noodles) **C** 拉面 **J** ラーメン	**V** Mì ăn liền **M** гоймон

10	형 맛있다	E delicious C 好吃的 J 美味しい	V Ngon M амттай
11	형 맛없다	E unsavory, tasteless C 不好吃的 J まずい	V Không ngon, dở M амтгүй
12	형 맵다	E spicy C 辣 J 辛い	V Cay M халуун ногоотой
13	형 덥다	E hot C 热 J 暑い	V Nóng M халуун
14	형 춥다	E cold C 冷 J 寒い	V Lạnh M хүйтэн
15	형 쉽다	E easy C 容易, 简单 J 易しい	V Dễ M амархан
16	형 어렵다	E difficult C 难 J 難しい	V Khó M хэцүү
17	형 가깝다	E close, nearby C 近 J 近い	V Gần M ойрхон

문법 1

1	통 드리다	**E** give (honorific form of '주다') **C** 给 (敬语) **J** 差し上げる	**V** Cho, dâng (Kính ngữ) **M** өгөх /хүндэтгэлийн хэлбэр/
2	통 전화하다	**E** make a phone call **C** 打电话 **J** 電話する	**V** Gọi điện thoại **M** утсаар ярих

문법 2

1	명 김치찌개	**E** Kimchi-jjigae (kimchi stew) **C** 辛奇汤 (韩国传统泡菜汤) **J** キムチチゲ	**V** Canh kim chi **M** Кимчитэй шөл
2	대 뭘 (= '무엇을'의 준말)	**E** what (abbreviation of '무엇을') **C** ('무엇을'的缩略型)什么 **J** 何を ('무엇을'の縮約形)	**V** Cái gì? (Rút gọn của '무엇을') **M** юу=무엇을 ('무엇을'-н хураангуй)

문법 3

1	바다를 보다	**E** see the sea **C** 看海 **J** 海を見る	**V** Ngắm biển **M** далай харах
2	물을 사다	**E** buy water **C** 买水 **J** 水を買う	**V** Mua nước **M** ус худалдаж авах

3 동 농구하다	**E** play basketball **C** 打篮球 **J** バスケットボールをする	**V** Chơi bóng rổ **M** сагсан бөмбөг тоглох

대화문

1 명 냉면	**E** Naengmyeon (cold noodles) **C** 冷面 **J** 冷麵	**V** Mỳ lạnh **M** хүйтэн гоймон
2 명 비빔냉면	**E** Bibim-naengmyeon (spicy buckwheat noodles) **C** 拌冷面 **J** ビビン冷麺	**V** Mỳ lạnh trộn **M** халуун ногоотой хүйтэн гоймон
3 명 물냉면	**E** Mul-naengmyeon (cold buckwheat noodles) **C** (汤) 冷面 **J** 水冷麺	**V** Mỳ lạnh nước **M** шөлтэй хүйтэн гоймон
4 어때요?	**E** How is it? **C** 怎么样？ **J** どうですか？	**V** Thế nào? **M** ямар вэ?

대화 연습

1 명 김치라면	**E** Kimchi ramen **C** 辛奇拉面 (韩国传统泡菜拉面) **J** キムチラーメン	**V** Mỳ kim chi **M** кимчитэй бэлэн гоймон

2	부 그럼	**E** then **C** 那么 **J** それでは、じゃあ	**V** Vậy thì **M** тэгвэл
3	명 국수	**E** noodles **C** 面条 **J** 麺類の総称	**V** Mỳ **M** гоймонтой шөл
4	명 중국 음식	**E** Chinese food **C** 中餐 **J** 中国料理	**V** Đồ ăn Trung Quốc **M** Хятад хоол
5	명 볶음밥	**E** Bokkeum-bap(fried rice) **C** 炒饭 **J** 炒めご飯、チャーハン	**V** Cơm chiên **M** будаатай хуурга
6	명 김치볶음밥	**E** Kimchibokkeumbap (Kimchi fried rice) **C** 辛奇炒饭 (韩国传统泡菜炒饭) **J** キムチチャーハン	**V** Cơm chiên kim chi **M** кимчитэй будаатай хуурга
7	명 오므라이스	**E** omurice (fried rice wrapped in a thin omelet) **C** 蛋包饭 **J** オムライス	**V** Cơm chiên trứng cuộn **M** омлет
8	명 맛	**E** taste **C** 味道 **J** 味	**V** Vị **M** амт

워크북

대화문

'ㅂ' 형용사

	기본형	의미	현재 시제	
1	형 맵다	**E** spicy **C** 辣 **J** 辛い **V** cay **M** халуун ногоотой байх	맵습니다	매워요
2	형 덥다	**E** hot **C** 热 **J** 暑い **V** nóng **M** халуун	덥습니다	더워요
3	형 춥다	**E** cold **C** 冷 **J** 寒い **V** lạnh **M** хүйтэн	춥습니다	추워요
4	형 쉽다	**E** easy **C** 容易, 简单 **J** 易しい **V** dễ **M** амархан	쉽습니다	쉬워요

5	혱 어렵다	**E** difficult **C** 难 **J** 難しい **V** khó **M** хэцүү	어렵습니다	어려워요
6	혱 가깝다	**E** close, nearby **C** 近 **J** 近い **V** gần **M** ойрхон	가깝습니다	가까워요

문법

1	문을 닫다	**E** close the door **C** 关门 **J** ドアを閉める	**V** Đóng cửa **M** хаалга хаах
2	명 대화문	**E** dialogue **C** 对话文 **J** 対話文	**V** Hội thoại **M** харилцан яриа
3	명 갈비탕	**E** Galbi-tang (short rib soup) **C** 排骨汤 **J** カルビタン	**V** Canh sườn **M** калбитан
4	명 경복궁	**E** Gyeongbokgung Palace **C** 景福宫 **J** 景副宫	**V** Cung Gyeongbok **M** Гёнбуггун

<2> 김밥이 맛있어서 손님들이 많이 시켜요

어휘와 표현 1

1	명 커피	**E** coffee **C** 咖啡 **J** コーヒー	**V** Cà phê **M** кофе
2	명 녹차	**E** green tea **C** 绿茶 **J** 緑茶	**V** Trà xanh **M** ногоон цай
3	명 케이크	**E** cake **C** 蛋糕 **J** ケーキ	**V** Bánh ngọt **M** бялуу
4	명 주스	**E** juice **C** 果汁 **J** ジュース	**V** Nước ép **M** жүүс
5	명 콜라	**E** cola **C** 可乐 **J** コーラ	**V** Coca Cola **M** Эмийн сан
6	명 아이스크림	**E** ice cream **C** 冰激凌 **J** アイスクリーム	**V** Kem **M** мөхөөлдөс

어휘와 표현 2

1	명 손님	**E** customer **C** 顾客 **J** お客様	**V** Khách hàng **M** зочин

2		
명 종업원	E waiter C 职员 J 従業員	V Người phục vụ, bồi bàn M ажилтан

식당 표현

1 어서 오세요.	E Welcome C 欢迎光临。 J いらっしゃいませ V Xin mời vào ạ. M Тавтай морил.
2 여기 앉으세요.	E Take a seat here please. C 请您坐这。 J こちらにお座りください V Xin hãy ngồi ở đây ạ. M Энд сууна уу.
3 메뉴 좀 주세요.	E Can I have the menu please? C 请给我看一下菜单。 J メニューをください V Cho tôi xin thực đơn. M Меню өгнө үү.
4 반찬 좀 더 주세요.	E Can I have some more side dishes please? C 请帮我多加一些小菜。 J おかずをもう少しください V Cho tôi xin thêm một chút đồ ăn kèm. M Хачир дахиад өгөөч.
5 잠깐만 기다리세요.	E Wait a moment please. C 请你稍等一下。 J 少々お待ちください V Xin hãy đợi tôi một chút. M Түр хүлээнэ үү.

6	잘 먹겠습니다.	🇪 Thank you for the meal. 🇨 我要开动了。 🇯 いただきます 🇻 Tôi sẽ ăn ngon miệng. 🇲 Сайхан хоолоорой.
7	잘 먹었습니다.	🇪 I really enjoyed the meal. 🇨 我吃饱了。 🇯 ごちそうさまでした 🇻 Tôi đã ăn rất ngon. 🇲 Сайхан хоолоо.
8	또 오세요.	🇪 Please stop by again. 🇨 欢迎您再来。 🇯 またお越しください 🇻 Lần sau lại đến nhé. 🇲 Дахин үйлчлүүлээрэй.

문법 1

1	몡 돈가스	🇪 pork cutlet 🇨 炸猪排 🇯 トンカツ	🇻 Thịt heo tẩm bột chiên 🇲 гахайн махан котлет
2	몡 주인	🇪 owner 🇨 主人 🇯 オーナー	🇻 Chủ 🇲 эзэн
3	혱 친절하다	🇪 kind 🇨 亲切 🇯 親切だ	🇻 Chu đáo, niềm nở 🇲 элдэг байх
4	시간이 없다	🇪 have no time 🇨 没有时间 🇯 時間がない	🇻 Không có thời gian 🇲 цаг байхгүй

문법 2

1 명 **만두**	**E** mandu (dumplings) **C** 饺子 **J** 餃子	**V** Bánh bao, bánh xếp, há cảo **M** бууз
2 명 **오후**	**E** afternoon **C** 下午 **J** 午後	**V** Buổi chiều **M** үдээш хойш
3 동 **주문하다**	**E** order **C** 点, 点餐 **J** 注文する	**V** Đặt hàng **M** захиалга өгөх

대화문

1 동 **시키다**	**E** order **C** 点菜 **J** (食べ物を) 頼む	**V** Gọi món **M** захиалах
2 수 **하나**	**E** one **C** 一, 一个 **J** ひとつ	**V** Một **M** нэг

대화 연습

1 명 **양념치킨**	**E** Yangnyeom Chicken (seasoned spicy chicken) **C** 调味炸鸡 **J** ヤンニョムチキン	**V** Gà rán tẩm vị **M** амталсан шарсан тахиа

2	명 사이다	🇪 cider 🇨 雪碧 🇯 サイダー	🇻 Nước Cider 🇲 хийжгүүлсэн ундаа
3	명 베이글	🇪 bagel 🇨 百吉饼 (硬面包圈) 🇯 ベーグル	🇻 Bánh mì vòng Bagel 🇲 цагирган талх
4	명 아메리카노	🇪 americano 🇨 美式咖啡 🇯 アメリカーノ (コーヒー)	🇻 Cà phê Americano 🇲 американо
5	명 샌드위치	🇪 sandwich 🇨 三明治 🇯 サンドウィッチ	🇻 Bánh mì Sandwich 🇲 хачиртай талх
6	명 카페라테	🇪 cafe latte 🇨 拿铁咖啡 🇯 カフェラテ	🇻 Cà phê latte 🇲 латте
7	명 머핀	🇪 muffin 🇨 马芬蛋糕 🇯 マフィン	🇻 Bánh muffin 🇲 жигнэмэг
8	명 핫초코	🇪 hot chocolate 🇨 热可可 🇯 ホットチョコレート	🇻 Sô cô la nóng 🇲 халуун шоколад

워크북

어휘와 표현

1	명 밥	**E** rice **C** 米饭; 饭 **J** ごはん	**V** Cơm **M** будаа
2	명 국	**E** soup **C** 汤 **J** 汁もの	**V** Canh **M** шөл
3	명 반찬	**E** side dish **C** 小菜 **J** おかず	**V** Đồ ăn kèm **M** хачир
4	명 숟가락	**E** spoon **C** 勺子 **J** スプーン	**V** Muỗng, thìa **M** халбага
5	명 젓가락	**E** chopsticks **C** 筷子 **J** 箸	**V** Đũa **M** савх

문법

1	돈을 찾다	**E** withdraw money **C** 取钱 **J** お金を下ろす	**V** Rút tiền **M** мөнгө олох
2	동 준비하다	**E** prepare **C** 准备 **J** 準備する	**V** Chuẩn bị **M** бэлтгэх

4과 식당

3	부 **왜**	**E** why **C** 为什么 **J** なぜ	**V** Tại sao? **M** яагаад

<3> 활동

듣고 말하기 1

1	명 태국	**E** Thailand / **C** 泰国 / **J** タイ / **V** Thái Lan / **M** Тайланд
2	명 몽골	**E** Mongolia / **C** 蒙古 / **J** モンゴル / **V** Mông Cổ / **M** Монгол
3	명 고향 친구	**E** hometown friend / **C** 同乡; 老乡 / **J** 故郷の友達 / **V** Bạn cùng quê / **M** нутгийн найз
4	명 쌀국수	**E** rice noodles / **C** 越南米线 / **J** ベトナムのフォー / **V** Phở / **M** Вьетнам цагаан будааны гоймон

듣고 말하기 2

1	부 자주	**E** frequently, often / **C** 经常 / **J** よく / **V** Thường xuyên / **M** ихэвчлэн, байнга, дандаа
2	동 오다	**E** come / **C** 来 / **J** 来る / **V** Đến / **M** Ирэх

3	동 오시다	E come(honorific form of '오다') C 来(敬语) J 오다の丁寧語	V Đến (Kính ngữ) M Ирэх /хүндэтгэлийн хэлбэр/
4	명 채소	E vegetable C 蔬菜 J 野菜	V Rau củ quả M ногоо
5	명 샐러드	E salad C 沙拉 J サラダ	V a lát M салад

읽고 말하기

1	명 한정식집	E Hanjeongsik restaurant(Korean table d'hote restaurant) C 韩国式套餐店 J 韓定食屋 V Nhà hàng truyền thống Hàn Quốc M Солонгос үндэсний аргаар хийсэн хоолнууд гарч ирдэг зоогийн газар
2	명 처음	E first C 初, 首次, 第一次 J はじめて V Đầu tiên M Анх
3	명 한옥	E traditional Korean-style house C 韩屋 J 韓国式家屋 V Kiểu nhà truyền thống ở Hàn Quốc M Хануг(солонгосын эртний гэр)
4	명 _인분	E servings C ~人份 J ~人前 V Phần, suất M _ хүний порц

5	동 놀라다	**E** be surprised **C** 吃惊；吓一跳 **J** 驚く	**V** Giật mình, bất ngờ **M** цочих
6	동 모르다	**E** not know **C** 不知道 **J** わからない	**V** Không biết **M** мэдэхгүй байх
7	부 그렇지만	**E** but **C** 但是；可是；然而 **J** けれども	**V** Nhưng **M** тэгсэн ч гэсэн
8	부 계속	**E** continuously **C** 接连；连续；不断 **J** ずっと	**V** Tiếp tục **M** үргэлжлэл
9	동 일어나다	**E** stand/get up **C** 站起来 **J** 立ち上がる、起きる	**V** Đứng dậy **M** босох

읽고 말하기

1	명 삼계탕	**E** Samgyetang (ginseng chicken soup) **C** 参鸡汤 **J** サムゲタン	**V** Gà hầm sâm **M** самгетан
2	명 인삼주	**E** ginseng liquor **C** 人参酒 **J** 朝鮮人参酒	**E** Rượu sâm **C** иньсамж /х н орхоодой хийж дарсан архи/

워크북

어휘와 표현

1	명 근처	E neighborhood, vicinity, nearby C 附近 J 近所	V Gần M ойролцоо, ойр орчим
2	명 맛집	E good restaurants C 美食店, 网红餐厅 J 美味しいお店	V Quán ăn ngon M Амттай хоолны газар
3	명 음식 값	E food price C 餐饮费, 饭钱 J 食べ物の値段	V Giá thức ăn M хоолны үнэ
4	형 비싸다	E expensive C 贵, 昂贵 J 高い	V Đắt, mắc M үнэтэй

5과 하루의 일과

<1> 친구하고 인사동에 갈 거예요

어휘와 표현 1

시간 읽기

1	1시 [한 시]	**E** 1 o'clock **C** 一点 **J** 一時	**V** 1 giờ **M** 1 цаг
2	2시 [두 시]	**E** 2 o'clock **C** 两点 **J** 二時	**V** 2 giờ **M** 2 цаг
3	3시 [세 시]	**E** 3 o'clock **C** 三点 **J** 三時	**V** 3 giờ **M** 3 цаг
4	4시 [네 시]	**E** 4 o'clock **C** 四点 **J** 四時	**V** 4 giờ **M** 4 цаг
5	5시 [다섯 시]	**E** 5 o'clock **C** 五点 **J** 五時	**V** 5 giờ **M** 5 цаг
6	6시 [여섯 시]	**E** 6 o'clock **C** 六点 **J** 六時	**V** 6 giờ **M** 6 цаг

7	7시 [일곱 시]	**E** 7 o'clock **C** 七点 **J** 七時	**V** 7 giờ **M** 7 цаг
8	8시 [여덟 시]	**E** 8 o'clock **C** 八点 **J** 八時	**V** 8 giờ **M** 8 цаг
9	9시 [아홉 시]	**E** 9 o'clock **C** 九点 **J** 九時	**V** 9 giờ **M** 9 цаг
10	10시 [열 시]	**E** 10 o'clock **C** 十点 **J** 十時	**V** 10 giờ **M** 10 цаг
11	11시 [열한 시]	**E** 11 o'clock **C** 十一点 **J** 十一時	**V** 11 giờ **M** 11 цаг
12	12시 [열두 시]	**E** 12 o'clock **C** 十二点 **J** 十二時	**V** 12 giờ **M** 12 цаг

1	명 새벽	**E** dawn **C** 凌晨 **J** 夜明け	**V** Bình minh, tinh mơ **M** үүр
2	명 아침	**E** morning **C** 早上 **J** 朝	**V** Sáng sớm **M** өглөө
3	명 낮	**E** daytime **C** 白天 **J** 昼	**V** Ban ngày **M** өдөр

4	명 저녁	**E** evening **C** 晚上 **J** 夕方	**V** Buổi tối **M** орой
5	명 밤	**E** night **C** 夜晚 **J** 夜	**V** Ban đêm **M** шөнө
6	명 오전	**E** morning (AM) **C** 上午 **J** 午前	**V** Buổi sáng **M** үдээс өмнө
7	명 오후	**E** afternoon (PM) **C** 下午 **J** 午後	**V** Buổi chiều **M** үдээс хойно
8	명 _시	**E** time, hour **C** ~时 (~点) **J** ~時	**V** Giờ **M** __цаг
9	명 _분	**E** minute **C** ~分 **J** ~分	**V** Phút **M** __минут
10	명 반	**E** half **C** 半 **J** 半	**V** Một nửa **M** хагас
11	몇 시예요?	**E** What time is it? **C** 几点了? **J** 何時ですか?	**V** Bây giờ là mấy giờ? **M** Цаг хэд болж байна вэ?

어휘와 표현 2

1	명 내일	**E** tomorrow **C** 明天 **J** 明日	**V** Ngày mai **M** маргааш

#			
2	몡 이번 주말	**E** this weekend **C** 这周末 **J** 今週末	**V** Cuối tuần này **M** энэ амралтын өдөр
3	몡 다음 주	**E** next week **C** 下周 **J** 来週	**V** Tuần sau **M** дараа долоо хоног
4	몡 다음 주말	**E** next weekend **C** 下周末 **J** 来週末	**V** Cuối tuần sau **M** дараа долоо хоногийн амралтын өдөр
5	몡 다음 달	**E** next month **C** 下个月 **J** 来月、翌月	**V** Tháng sau **M** дараа сар
6	몡 내년	**E** next year **C** 明年 **J** 来年	**V** Năm sau **M** ирэх жил
7	오늘은 몇 월 며칠이에요?	**E** What is the date today? **C** 今天是几月几号? **J** 今日は何月何日ですか?	**V** Hôm nay là ngày mấy tháng mấy? **M** Өнөөдөр хэдэн сарын хэдэн бэ?

문법 1

#			
1	조 부터	**E** from **C** 从… **J** ~から	**V** Từ **M** эхлэн / аас4
2	조 까지	**E** until, to **C** 到…(止) **J** ~まで	**V** Đến **M** хүртэл

3	图 **일어나다**	**E** wake up **C** 起床 **J** 起きる	**V** Thức dậy **M** босох

문법 2

1	圀 **콘서트**	**E** concert **C** 演唱会 **J** コンサート	**V** Buổi hòa nhạc **M** концерт

문법 3

1	圀 **날씨**	**E** weather **C** 天气 **J** 天気	**V** Thời tiết **M** цаг агаар
2	圀 **자동차**	**E** car **C** 汽车 **J** 自動車	**V** Xe ô tô **M** машин
3	**시간이 있다**	**E** have time **C** 有时间 **J** 時間がある	**V** Có thời gian **M** завтай байх
4	圀 **경복궁**	**E** Gyeongbokgung Palace **C** 景福宮 **J** 景福宮	**V** Cung Gyeongbok **M** Гёнбуггүн
5	**숙제를 다 하다**	**E** finish all the homework **C** 做完作业 **J** 宿題を全部する	**V** Làm xong hết bài tập về nhà **M** гэрийн даалгавраа бүгдийг нь хийх

| 6 | 드라마를 보다 | **E** watch a drama
C 看电视剧
J ドラマを見る | **V** Xem phim truyền hình
M драма үзэх |

대화문

| 1 | 수업이 끝나다 | **E** class is over
C 下课
J 授業が終わる | **V** Kết thúc lớp học
M хичээл дуусах |

대화 연습

1	시험을 보다	**E** take an exam **C** 参加考试 **J** 試験を受ける	**V** Làm bài thi **M** шалгалт өгөх
2	시험이 끝나다	**E** the exam is over **C** 考试结束 **J** 試験が終わる	**V** Kết thúc bài thi **M** шалгалт дуусах
3	여행을 가다	**E** go on a trip **C** 去旅行 **J** 旅行に行く	**V** Đi du lịch **M** аялалаар явах
4	명 인터넷	**E** Internet **C** 互联网 **J** インターネット	**V** Mạng internet **M** интернэт
5	게임을 하다	**E** play game **C** 玩游戏 **J** ゲームをする	**V** Chơi game **M** тоглоом тоглох

워크북

어휘와 표현

1	몡 **중간시험**	**E** midterm exam **C** 期中考试 **J** 中間試験	**V** Thi giữa kỳ **M** улирлын дундын шалгалт

문법

1	**대학교에 가다**	**E** go to a college/university **C** 上大学 **J** 大学に行く	**V** Đi học đại học **M** их сургуульд суралцах

5과 하루의 일과

<2> 숙제를 하고 친구를 만나요

어휘와 표현 1

#			
1	통 **일어나다**	**E** wake up **C** 起床 ; 起立 **J** 起きる	**V** Thức dậy **M** босох
2	통 **세수하다**	**E** wash one's face **C** 洗脸 **J** 洗顔をする	**V** Rửa mặt **M** нүүр гар угаах
3	**아침을 먹다**	**E** have breakfast **C** 吃早餐 **J** 朝ご飯を食べる	**V** Ăn sáng **M** өглөөний хоол идэх
4	**한국어를 배우다**	**E** learn Korean **C** 学习韩语 **J** 韓国語を学ぶ	**V** Học tiếng Hàn **M** солонгос хэл сурах
5	**점심을 먹다**	**E** have lunch **C** 吃午餐 **J** 昼ご飯を食べる	**V** Ăn trưa **M** өдрийн хоол идэх
6	**저녁을 먹다**	**E** have dinner **C** 吃晚餐 **J** 夜ご飯を食べる	**V** Ăn tối **M** оройн хоол идэх
7	**잠을 자다**	**E** sleep **C** 睡觉 **J** 睡眠をとる	**V** Đi ngủ **M** унтах

어휘와 표현 2

#	단어	영/중/일	베/몽
1	형 피곤하다	E tired / C 累;疲惫 / J 疲れる	V Mệt mỏi / M ядрах
2	형 힘들다	E hard, exhausting / C 吃力 / J 苦労する	V Vất vả / M хэцүү байх
3	기분이 좋다	E feel good / C 心情好 / J 気分がいい	V Tâm trạng tốt / M сэтгэл санаа сайхан байх
4	형 바쁘다	E busy / C 忙 / J 忙しい	V Bận / M завгүй байх
5	형 아프다	E sick, hurt / C 疼;难受 / J 痛い	V Đau, ốm / M өвдөх
6	형 나쁘다	E bad / C 坏 / J 悪い	V Tệ, xấu / M муухай байх
7	형 슬프다	E sad / C 伤心;悲伤 / J 悲しい	V Buồn / M гунигтай байх
8	배가 고프다	E hungry / C 肚子饿 / J お腹が空く	V Đói bụng / M өлсөх

문법 1

1	동 **청소하다**	E clean up C 清扫 J 掃除をする	V Dọn dẹp M цэвэрлэгээ хийх
2	동 **빨래하다**	E do the laundry C 洗衣服 J 洗濯をする	V Giặt giũ M угаалга хийх

문법 2

1	**피아노를 치다**	E play the piano C 弹钢琴 J ピアノを弾く	V Chơi đàn piano M төгөлдөр хуур тоглох
2	동 **노래하다**	E sing a song C 唱歌 J 歌を歌う	V Hát M дуулах
3	명 **과자**	E snack C 饼干 J お菓子	V Bánh kẹo M амттан
4	**말을 듣다**	E listen to what is said, obey C 听话 J 話を聞く	V Nghe lời M үг сонсох

대화 연습

1	**술을 마시다**	E drink alcohol C 喝酒 J お酒を飲む	V Uống rượu M архи уух

워크북

대화문

'—' 형용사

	기본형	의미	현재 시제	
1	형 바쁘다	E busy C 忙 J 忙しい V bận rộn M завгүй	바쁩니다	바빠요
2	형 아프다	E sick, hurt C 难受 ; 疼 J 痛い V đau ốm M өвдөх	아픕니다	아파요
3	형 나쁘다	E bad C 坏 J 悪い V xấu, tệ M муу байх	나쁩니다	나빠요
4	형 슬프다	E sad C 伤心 J 悲しい V buồn M гунигтай байх	슬픕니다	슬퍼요

5과 하루의 일과

| 5 | 형 (배가) 고프다 | 🇪 hungry
🇨 (肚子) 饿
🇯 (お腹が) 空く
🇻 đói (bụng)
🇲 өлсөх | (배가) 고픕니다 | (배가) 고파요 |

문법

1	손을 씻다	🇪 wash one's hands 🇨 洗手 🇯 手を洗う	🇻 Rửa tay 🇲 гараа угаах
2	아이스크림을 먹다	🇪 eat ice cream 🇨 吃冰激凌 🇯 アイスクリームを食べる	🇻 Ăn kem 🇲 мөхөөлдөс идэх
3	기타를 치다	🇪 play the guitar 🇨 弹吉他 🇯 ギターを弾く	🇻 Chơi đàn ghi ta 🇲 гитар тоглох

<3> 활동

듣고 말하기 2

| 1 | 시험공부를 하다 | **E** study for an exam
C 备考, 复习考试
J 試験勉強をする | **V** Ôn thi, học bài thi
M шалгалтандаа бэлдэх |

읽고 말하기

1	명 남이섬	**E** Nami Island **C** 南怡岛 **J** 南怡島	**V** Đảo Nami **M** Нами арал
2	형 유명하다	**E** famous **C** 有名的 **J** 有名だ	**V** Nổi tiếng **M** алдартай байх
3	명 출발	**E** departure **C** 出发 **J** 出発	**V** Điểm xuất phát **M** хөдлөх
4	명 도착	**E** arrival **C** 到达 **J** 到着	**V** Điểm đến **M** хүрэх
5	명 문화 수업	**E** cultural class **C** 文化体验课 **J** 文化授業	**V** Lớp học văn hóa **M** соёлын хичээл
6	명 경치	**E** scenery **C** 风景 **J** 景色	**V** Phong cảnh **M** байгалийн үзэмж

5과 하루의 일과

7	형 아름답다	E beautiful C 美丽 J 美しい	V Đẹp M үзэсгэлэнтэй
8	명 춘천	E Chuncheon C 春川 J 春川	V Thành phố Chuncheon M Чуньчонь
9	명 닭갈비	E Dak-galbi (spicy stir-fried chicken) C 铁板鸡排 J タッカルビ	V Thịt gà xào cay M тахианы хавирга
10	동 구경하다	E look around C 逛 ; 参观 ; 欣赏 J 見物する	V Tham quan M харах, үзэх
11	동 기다리다	E wait C 等待 J 待つ	V Chờ đợi M хүлээх
12	동 돌아오다	E return, come back C 返回 ; 回来 J 帰ってくる	V Trở về M эргээд ирэх

읽고 말하기

1	명 부산	E Busan C 釜山 J 釜山	V Busan M Бусан
2	명 해운대	E Haeundae C 海云台 J 海雲台	V Haeundae M Хэгндэ

| 3 | 몡 생선회 | ⒺSaengseonhoe (sliced raw fish)
Ⓒ生鱼片
Ⓙ刺身 | ⓋSashimi, cá sống
Ⓜтүүхий загас |

함께 해 봅시다

1	몡 대통령	Ⓔpresident Ⓒ总统 Ⓙ大統領	ⓋTổng thống Ⓜерөнхийлөгч
2	몡 배우	Ⓔactor, actress Ⓒ演员 Ⓙ俳優	ⓋDiễn viên Ⓜжүжигчин
3	몡 축구선수	Ⓔsoccer player Ⓒ足球运动员 Ⓙサッカー選手	ⓋCầu thủ bóng đá Ⓜхөл бөмбөгийн тоглогч
4	몡 주인공	Ⓔmain character, the star Ⓒ主人公 Ⓙ主人公	ⓋNhân vật chính Ⓜгол дүр

워크북

듣기

1	명 바다	**E** sea, ocean **C** 海 **J** 海	**V** Biển **M** далай
2	명 낚시	**E** fishing **C** 钓鱼 **J** 釣り	**V** Câu cá **M** загасчлах

문법

1	명 한라산	**E** Hallasan Mountain **C** 汉拿山 **J** 漢拏山	**V** Núi Halla **M** Халла уул

6과 쇼핑

<1> 사과가 좀 비싸지만 맛있어요

어휘와 표현 1

숫자 읽기

1	1 [하나(=한)]	**E** first **C** 一 **J** 一つ	**V** Một **M** Нэг
2	2 [둘 (=두)]	**E** second **C** 二 **J** 二つ	**V** Hai **M** Хоёр
3	3 [셋 (=세)]	**E** third **C** 三 **J** 三つ	**V** Ba **M** Гурав
4	4 [넷 (=네)]	**E** forth **C** 四 **J** 四つ	**V** Bốn **M** Дөрөв
5	5 [다섯]	**E** fifth **C** 五 **J** 五つ	**V** Năm **M** Тав
6	6 [여섯]	**E** sixth **C** 六 **J** 六つ	**V** Sáu **M** Зургаа

7	7 [일곱]	**E** seventh **C** 七 **J** 七つ	**V** Bảy **M** Долоо
8	8 [여덟]	**E** eighth **C** 八 **J** 八つ	**V** Tám **M** Найм
9	9 [아홉]	**E** nineth **C** 九 **J** 九つ	**V** Chín **M** Ec
10	10 [열]	**E** tenth **C** 十 **J** 十	**V** Mười **M** Арав
11	20 [스물 (=스무)]	**E** twentieth **C** 二十 **J** 二十	**V** Hai mươi **M** Хорь
12	30 [서른]	**E** thirtieth **C** 三十 **J** 三十	**V** Ba mươi **M** Гуч
13	40 [마흔]	**E** fortieth **C** 四十 **J** 四十	**V** Bốn mươi **M** Дөч
14	50 [쉰]	**E** fiftieth **C** 五十 **J** 五十	**V** Năm mươi **M** Тавь

1	명 개	**E** counting unit for tangible objects in general **C** 个 **J** ～個	**V** Cái **M** ширхэг

2	명 권	**E** counting unit for books **C** 册;本;卷 **J** ～冊	**V** Quyển, cuốn **M** ном
3	명 명	**E** counting unit for people **C** 名 **J** ～人	**V** Người **M** хүн
4	명 병	**E** counter for drinks (bottle of) **C** 瓶 **J** ～本	**V** Chai, bình **M** шил
5	명 잔	**E** counter for drinks (cup of) **C** 杯 **J** ～杯	**V** Ly, cốc **M** аяга
6	명 마리	**E** counting unit for animals **C** 只 **J** ～匹	**V** Con **M** амьтан
7	명 장	**E** counting unit for paper (piece) **C** 张;章 **J** ～枚	**V** Trang **M** хуудас
8	명 생선	**E** fish **C** 鱼 **J** 鮮魚	**V** Cá tươi **M** загас
9	명 티켓	**E** ticket **C** 票, 入场券 **J** チケット	**V** Vé **M** тасалбар

어휘와 표현 2

1	명 옷	**E** clothes **C** 衣服 **J** 服	**V** Áo quần **M** хувцас
2	명 치마	**E** skirt **C** 裙子 **J** スカート	**V** Váy **M** юбка
3	명 바지	**E** pants **C** 裤子 **J** ズボン	**V** Quần **M** өмд
4	명 티셔츠	**E** t-shirt **C** T恤衫 **J** Tシャツ	**V** Áo thun **M** подволк
5	명 신발	**E** shoes **C** 鞋子 **J** 履物	**V** Giày dép **M** гутал
6	명 구두	**E** dress shoes **C** 皮鞋 **J** 靴	**V** Giày tây **M** ботинк
7	명 운동화	**E** sneakers **C** 运动鞋 **J** 運動靴	**V** Giày thể thao **M** пүүз
8	명 모자	**E** hat, cap **C** 帽子 **J** 帽子	**V** Mũ, nón **M** малгай

문법 1

1	명 이메일	**E** email **C** 邮件 **J** eメール	**V** Thư điện tử, email **M** цахим шуудан
2	동 보내다	**E** send **C** 发送, 寄 **J** 送る	**V** Gửi **M** илгээх
3	명 필통	**E** pencil case **C** 笔筒; 铅笔盒 **J** 筆箱	**V** Hộp đựng bút **M** пинал

문법 2

1	명 배	**E** pear **C** 梨 **J** 梨	**V** Quả lê **M** лийр
2	명 사과	**E** apple **C** 苹果 **J** りんご	**V** Quả táo **M** алим
3	명 수박	**E** watermelon **C** 西瓜 **J** すいか	**V** Quả dưa hấu **M** тарвас

대화문

1	얼마예요?	**E** How much is it? **C** 多少钱？ **J** いくらですか？	**V** Cái này bao nhiêu tiền? **M** хэд вэ?

2	명 오렌지	E orange C 橙子 J オレンジ	V Quả cam M жүрж
3	명 요즘	E these days C 最近 J 最近	V Dạo này M сүүлийн үе

대화 연습

1	명 열쇠고리	E key chain C 钥匙圈 J キーホルダー	V Móc chìa khóa M түлхүүрийн оосор
2	명 인형	E doll C 人偶；娃娃 J 人形	V Búp bê M хүүхэлдэй
3	명 원피스	E one piece, dress C 连衣裙 J ワンピース	V Đầm liền M даашинз
4	명 벌	E counting unit for clothing C 套 J 蜂	V Bộ M зөгий
5	명 장미	E rose C 玫瑰花 J バラ	V Hoa hồng M сарнай
6	명 카네이션	E carnation C 康乃馨 J カーネーション	V Hoa cẩm chướng M лиш цэцэг

| 7 | 명 송이 | **E** counter for flowers
C 朵
J 〜輪 (花の数え方) | **V** Nải/ Chùm/ Bông/ Đóa
M багц, хэсэг |

워크북

문법

1	형 멀다	**E** far, distant **C** 远 **J** 遠い	**V** Xa **M** хол, зайтай
2	명 생활	**E** life **C** 生活 **J** 生活	**V** Cuộc sống, sinh hoạt **M** амьдрал
3	형 괜찮다	**E** fine, ok **C** 没关系, 不要紧 **J** 大丈夫だ	**V** Tốt, không sao **M** зүгээр
4	부 일찍	**E** early **C** 提早, 早 **J** はやく	**V** Sớm **M** эрт
5	명 물건	**E** product, item **C** 物件, 物品, 东西 **J** 物、品物	**V** Sản phẩm, đồ vật **M** эд бараа

<2> 한번 입어 보세요

어휘와 표현 1

1	명 **시장**	ⓔ market ⓒ 市场 ⓙ 市場	ⓥ Chợ ⓜ зах
2	명 **백화점**	ⓔ department store ⓒ 百货商店 ⓙ 百貨店、デパート	ⓥ Trung tâm thương mại ⓜ их дэлгүүр
3	명 **마트**	ⓔ mart ⓒ 超市 ⓙ マート、スーパー	ⓥ Siêu thị ⓜ дэлгүүр
4	명 **편의점**	ⓔ convenience store ⓒ 便利店 ⓙ コンビニ	ⓥ Cửa hàng tiện lợi ⓜ 24цагийн дэлгүүр
5	명 **슈퍼마켓**	ⓔ supermarket ⓒ 超市 ⓙ スーパーマーケット	ⓥ Siêu thị lớn ⓜ дэлгүүр
6	명 **동대문 시장**	ⓔ Dongdaemun Market ⓒ 东大门市场 ⓙ 東大門市場	ⓥ Chợ Dongdaemun ⓜ Дүндэмүн зах

어휘와 표현 2

1	옷을 입다	**E** put on/wear clothes **C** 穿衣服 **J** 服を着る	**V** Mặc quần áo **M** хувцас өмсөх
2	운동화를 신다	**E** put on/wear sneakers **C** 穿运动鞋 **J** 運動靴を履く	**V** Mang giày thể thao **M** пүүз өмсөх
3	모자를 쓰다	**E** put on/wear a hat(cap) **C** 戴帽子 **J** 帽子をかぶる	**V** Đội nón, đội mũ **M** малгай өмсөх
4	동 사다	**E** buy **C** 买 **J** 買う	**V** Mua **M** худалдаж авах
5	동 팔다	**E** sell **C** 卖 **J** 売る	**V** Bán **M** худалдах
6	형 길다	**E** long **C** 长 **J** 長い	**V** Dài **M** урт байх
7	형 짧다	**E** short **C** 短 **J** 短い	**V** Ngắn **M** богино байх
8	동 살다	**E** live **C** 生活 **J** 住む、生きる	**V** Sống **M** амьдрах
9	동 알다	**E** know **C** 知道 **J** 知る	**V** Biết **M** мэдэх

10	동 **열다**	E open C 打开 J 開ける	V Mở M онгойлгох
11	형 **멀다**	E far, distant C 远 J 遠い	V Xa M хол байх
12	명 **청바지**	E jeans C 牛仔裤 J ジーンズ	V Quần jeans M жийнсэн өмд

'ㄹ' 탈락

	기본형	의미	현재 시제	
1	동 **팔다**	E sell C 卖 J 売る V bán M худалдах, зарах	팝니다	팔아요
2	동 **살다**	E live C 生活 J 生きる V sống M амьдрах	삽니다	살아요
3	동 **알다**	E know C 知道 J 知る、わかる V biết M мэдэх	압니다	알아요

4	동 열다	**E** open **C** 打开 **J** 開ける **V** mở **M** онгойлгох	엽니다	열어요
5	형 멀다	**E** far **C** 远 **J** 遠い **V** xa **M** хол байх	멉니다	멀어요

문법 2

1	부 한번	**E** once (e.g., 한번 신어 보세요 → Try to put on these shoes) **C** 一次, 一下 **J** 一度	**V** Một lần **M** нэг удаа
2	명 코트	**E** coat **C** 外套; 大衣 **J** コート	**V** Áo khoác **M** пальто
3	동 세일하다	**E** have a sale **C** 打折 **J** セールをする	**V** Giảm giá **M** хямдрал зарлах
4	명 전주	**E** Jeonju **C** 全州 **J** 全州	**V** Jeonju **M** Жонжу
5	명 전주 비빔밥	**E** Jeonju-style Bibimbap **C** 全州拌饭 **J** 全州ビビンバ	**V** Cơm trộm Jeonju **M** Жонжугийн бибимбаб

대화문

1 명 점원
- 🇪 clerk
- 🇨 店员
- 🇯 店員
- 🇻 Nhân viên bán hàng
- 🇲 худалдагч

2 뭘 찾으세요?
- 🇪 What are you looking for?
- 🇨 您找什么？您需要什么？
- 🇯 何かお探しですか？
- 🇻 Bạn đang tìm gì vậy?
- 🇲 юу хайж байна вэ?

대화 연습

1 명 종류
- 🇪 kind, sort
- 🇨 种类
- 🇯 種類
- 🇻 Loại
- 🇲 ангилал

2 명 사이즈
- 🇪 size
- 🇨 尺码
- 🇯 サイズ
- 🇻 Kích cỡ
- 🇲 хэмжээ

3 명 가격
- 🇪 price, cost
- 🇨 价格
- 🇯 価格
- 🇻 Giá
- 🇲 үнэ

워크북

문법

1	형 깨끗하다	**E** clean **C** 干净的, 整洁的 **J** 清潔だ、きれいだ	**V** Sạch sẽ **M** цэвэрхэн
2	부 열심히	**E** hard, diligently **C** 努力, 认真 **J** 熱心に、一生懸命	**V** Chăm chỉ **M** хичээнгүй
3	명 한복	**E** Hanbok (Korean traditional dress) **C** 韩服 **J** 韓服	**V** Hanbok **M** ханбуг /Солонгос үндэ сний хувцас
4	명 역사박물관	**E** history museum **C** 历史博物馆 **J** 歴史博物館	**V** Bảo tàng lịch sử **M** түүхийн музей
5	명 광화문	**E** Gwanghwamun **C** 光化门 **J** 光化門	**V** Cổng Gwanghwa **M** Гуанхуамүнь

<3> 활동

듣고 말하기 1

1	명 **까만색**	**E** black **C** 黑色 **J** 黒色	**V** màu đen **M** хар өнгө
2	명 **파란색**	**E** blue **C** 蓝色 **J** 青色	**V** Màu xanh nước biển **M** цэнхэр өнгө
3	동 **(가방에 물건이) 들어가다**	**E** put **C** 入 , 进 , 进入 (往包里放东西) **J** (カバンに物が) 入る **V** Bỏ (đồ vào túi) **M** явж орох, (цүнхэнд эд зүйл)орох	
4	**얼마에 샀습니까?**	**E** How much did you pay? **C** 多少钱买的？ **J** いくらで買いましたか? **V** Bạn đã mua với giá bao nhiêu? **M** хэдээр авсан бэ?	

듣고 말하기 2

1	명 **고객**	**E** customer **C** 顾客 **J** 顧客	**V** Khách hàng **M** хэрэглэгч

2	동 찾다	E visit C 找 J 訪ねる，探す	V Tìm kiếm M хайх, олох
3	명 잠시	E for a moment C 暂时 J しばらく	V Một chút M түр
4	명 안내	E guide C 指南；介绍；说明 J 案内	V Hướng dẫn M танилцуулга
5	동 말씀드리다	E speak, tell(honorific form of '말하다') C 说话 (敬语) J 申し上げる V Nói (kính ngữ của '말하다') M хэлэх /хүндэтгэлийн хэлбэр	
6	명 정문	E main gate C 正门 J 正門 (表門)	V Cổng chính M урд хаалга
7	명 반값	E half price C 半价 J 半額	V Một nửa giá M өрөөний түрээс
8	접 짜리	E worth, value C 表示大小或面值 J 価値を示す言葉	V Giá trị, mệnh giá M хэмжээтэй
9	명 통	E counting unit for round-shaped fruit and vegetables C 筒, 桶；整个 J 個 (白菜、すいかなどを数える単位) V Thùng M сав	

6과 쇼핑

10	몡 딸기	ⓔ strawberry ⓒ 草莓 ⓙ いちご	ⓥ Quả dâu ⓜ гүзээлзгэнэ
11	몡 상자	ⓔ box ⓒ 箱子; 箱 ⓙ 箱	ⓥ Hộp ⓜ хайрцаг
12	몡 행사	ⓔ event ⓒ 庆典 ⓙ 行事	ⓥ Sự kiện ⓜ арга хэмжээ
13	몡 이용	ⓔ use ⓒ 使用 ⓙ 利用	ⓥ Sử dụng ⓜ хэрэглээ
14	동 부탁드리다	ⓔ ask for a favor (honorific form of '부탁하다') ⓒ 拜托 (敬语) ⓙ お願いする ⓥ Trông cậy/ Nhờ vả (Kính ngữ) ⓜ гуйх	

읽고 말하기

1	몡 인터넷 쇼핑	ⓔ online shopping ⓒ 网上购物 ⓙ インターネットショッピング	ⓥ Mua sắm trực tuyến ⓜ интернэт дэлгүүр
2	몡 상품평	ⓔ product review ⓒ 商品评价 ⓙ 商品評価	ⓥ Đánh giá sản phẩm ⓜ барааний үнэлгээ
3	몡 운동화	ⓔ sneakers, running shoes ⓒ 运动鞋 ⓙ 運動靴	ⓥ Giày thể thao ⓜ биеийн тамирын гууз

4	명 하얀색	E white C 白色 J 白色	V Màu trắng M цагаан өнгө
5	동 주문하다	E order C 点餐 ; 预定 ; 下订单 J 注文する	V Đặt hàng M захиалга өгөх
6	명 발	E foot C 脚 J 足	V Bàn chân M хөл
7	형 편하다	E comfortable C 舒适 ; 舒服 J 楽だ	V Thoải mái M тухтай байх
8	명 디자인	E design C 设计 J デザイン	V Thiết kế M загвар
9	동 걱정하다	E worry about, be concerned C 担心 J 心配する	V Lo lắng M санаа зовох
10	잘 맞다	E suit/fit well C 很适合 J よく合う	V Vừa vặn M тохирох
11	명 색깔	E color C 颜色 J 色	V Màu sắc M өнгө
12	형 다르다	E different C 不同, 不一样 J 違う	V Khác nhau M өөр байх

13	명 지난번	**E** the last time **C** 上次 **J** 先日、この間	**V** Lần trước **M** өнгөрсөн удаа
14	명 빨간색	**E** red **C** 红色 **J** 赤色	**V** Màu đỏ **M** улаан өнгө
15	명 노란색	**E** yellow **C** 黄色 **J** 黄色	**V** Màu vàng **M** шар өнгө
16	형 같다	**E** same **C** 相同的 **J** 同じだ	**V** Giống **M** адил
17	마음에 들다	**E** take/catch one's fancy **C** 满意 **J** 気に入る	**V** Hài lòng, thích **M** сэтгэлд таарах
18	부 더	**E** more **C** 更 **J** もっと	**V** Hơn **M** илүү
19	명 배달	**E** delivery **C** 外卖；快递 **J** 配達	**V** Giao hàng **M** хүргэлт
20	동 늦다	**E** late **C** 晚；迟 **J** 遅い	**V** Trẻ, muộn **M** хоцрох

함께 해 봅시다

1	명 영수증	**E** receipt **C** 收据 **J** 領収書	**V** Hóa đơn **M** төлбөрийн баримт

2	명 품목	**E** item **C** 品目；产品种类 **J** 品目	**V** Danh mục hàng hóa **M** барааны нэр
3	명 단가	**E** unit price/cost **C** 单价 **J** 単価	**V** Đơn giá **M** ширхэгийн үнэ
4	명 수량	**E** amount, quantity **C** 数量 **J** 数量	**V** Số lượng **M** тоо хэмжээ
5	명 금액	**E** sum, amount of money **C** 金额 **J** 金額	**V** Số tiền **M** мөнгөн дүн

워크북

함께 하기

1	명 팩	**E** counting unit for container made of liquid packaging board **C** 袋；包 **J** パック	**V** Thùng, gói, túi **M** маск
2	명 상자	**E** box **C** 箱；箱子 **J** 箱	**V** Hộp **M** хайрцаг

3	명 판	**E** a carton of 30 eggs **C** 版；盘；局 **J** 板 (プレート)	**V** Tấm ván, ổ (30 trứng) **M** банз
4	명 봉지	**E** counter for bags/packages **C** 袋 **J** 紙袋, 袋	**V** Bao, túi **M** уут
5	명 그램	**E** gram **C** 克 **J** グラム	**V** Gram, lạng **M** грамм
6	명 킬로그램	**E** kilogram **C** 千克 **J** キログラム	**V** Kilogram, kí **M** килограмм

7과 친구

<1> 제 여자 친구는 키가 크고 예뻐요

어휘와 표현 1

1 명 머리	E head C 头 J 頭	V Đầu M толгой
2 명 얼굴	E face C 脸 J 顔	V Mặt M царай
3 명 눈	E eye(s) C 眼睛 J 目	V Đôi mắt M нүд
4 명 귀	E ear(s) C 耳朵 J 耳	V Đôi tai M чих
5 명 코	E nose C 鼻子 J 鼻	V Mũi M хамар
6 명 입	E mouth C 嘴 J 口	V Miệng M ам
7 명 팔	E arm C 胳膊 J 腕	V Cánh tay M гар

8	몡 손	E hand C 手 J 手	V Bàn tay M гарын хуруу
9	몡 다리	E leg C 腿 J 脚	V Chân M хөл
10	몡 발	E foot C 脚 J 足 (足首から下)	V Bàn chân M хөл, хөлний үзүүр

어휘와 표현 2

1	혱 귀엽다	E cute C 可爱的 J かわいい	V Dễ thương M эгдүүтэй
2	혱 멋있다	E handsome C 帅气的 J かっこいい	V Ngầu, đẹp trai M догь
3	키가 크다	E tall C 个子高 J 背が高い	V Cao M өндөр
4	키가 작다	E short C 个子矮 J 背が低い	V Thấp M намхан
5	머리가 길다	E have long hair C 头发长 J 髪が長い	V Tóc dài M урт үстэй
6	머리가 짧다	E have short hair C 头发短 J 髪が短い	V Tóc ngắn M богино үстэй

7	형 친절하다	E kind C 亲切；亲和 J 親切だ	V Thân thiện, chu đáo M ээлдэг байх
8	형 똑똑하다	E smart C 聪明 J 賢い	V Thông minh M ухаантай байх
9	형 재미있다	E interesting, funny C 有意思 J おもしろい	V Thú vị M хөгжилтэй байх

문법 1

1	눈이 크다	E have big eyes C 大眼睛 J 目が大きい	V Mắt to M том нүдтэй

문법 2

1	정말요?	E Really? C 真的吗？ J 本当ですか？	V Thật vậy sao? M үнэхээр үү?
2	부 자주	E frequently, often C 经常 J しばしば、よく	V Thường xuyên M байнга
3	동 늦다	E late C 晚；迟；慢 J 遅い	V Trẻ, muộn M хоцрох
4	부 일찍	E early C 早 J はやく	V Sớm M эрт

7과 친구

대화문

1	명 놀이공원	E amusement park C 游乐场 J 遊園地	V Công viên trò chơi M тоглоомын талбай

워크북

문법

1	형 따뜻하다	E warm C 暖和, 温暖 J 温かい、暖かい	V Ấm áp M дулаахан
2	명 담배	E cigarette C 烟 J タバコ	V Thuốc lá M тамхи

<2> 자전거를 탈 수 있어요

어휘와 표현 1

1 축구를 하다	**E** play soccer **C** 踢足球 **J** サッカーをする	**V** Chơi đá bóng **M** хөл бөмбөг тоглох
2 농구를 하다	**E** play basketball **C** 打篮球 **J** バスケットボールをする	**V** Chơi bóng rổ **M** сагс тоглох
3 테니스를 치다	**E** play tennis **C** 打网球 **J** テニスをする	**V** Chơi quần vợt **M** теннис тоглох
4 자전거를 타다	**E** ride a bicycle **C** 骑自行车 **J** 自転車に乗る	**V** Đạp xe đạp **M** дугуй унах
5 태권도를 하다	**E** do Taekwondo **C** 打跆拳道 **J** テコンドーをする	**V** Tập Taekwondo **M** тэквондо хичээллэх
6 시간이 있다	**E** have time **C** 有时间 **J** 時間がある	**V** Có thời gian **M** завтай байх

어휘와 표현 2

1	피아노를 치다	**E** play the piano **C** 弹钢琴 **J** ピアノを弾く **V** Chơi piano **M** төгөлдөр хуур тоглох
2	기타를 치다	**E** play the guitar **C** 弹吉他 **J** ギターを弾く **V** Chơi ghita **M** гитар тоглох
3	춤을 추다	**E** dance **C** 跳舞 **J** ダンスを踊る **V** Nhảy **M** бүжиглэх
4	노래를 하다	**E** sing a song **C** 唱歌 **J** 歌を歌う **V** Hát **M** дуулах
5	피아노를 잘 치다	**E** be good at playing the piano **C** 钢琴弹的好 **J** ピアノを上手に弾く **V** Chơi piano hay **M** төгөлдөр хуур сайн тоглох
6	피아노를 잘 못 치다	**E** be poor at playing the piano **C** 钢琴弹的不太好 **J** ピアノを上手に弾けない **V** Chơi piano không hay **M** төгөлдөр хуур тааруухан тоглох
7	피아노를 못 치다	**E** not be able to play the piano, not know how to play the piano **C** 不会弹钢琴 **J** ピアノを弾くことができない **V** Không thể chơi piano **M** төгөлдөр хуур тоглож чаддаггүй

8	춤을 잘 추다	**E** be good at dancing **C** 舞跳的好 **J** ダンスを上手に踊る	**V** Nhảy giỏi **M** сайн бүжиглэх
9	춤을 잘 못 추다	**E** be poor at dancing **C** 舞跳的不太好 **J** ダンスを上手に踊れない	**V** Nhảy không giỏi **M** Сайн бүжиглэж чадахгүй
10	춤을 못 추다	**E** not be able to dance, not know how to dance **C** 不会跳舞 **J** ダンスを踊ることができない **V** Không thể nhảy **M** бүжиглэж чадахгүй	

문법 1

1	수업이 있다	**E** have a class **C** 有课 **J** 授業がある	**V** Có lớp học **M** хичээлтэй байх

대화 연습

1	명 학교 운동장	**E** schoolyard **C** 学校操场 **J** 学校の運動場	**V** Sân vận động trường học **M** сургуулийн биеийн тамирын заал

7과 친구

워크북

문법

1	명 뉴스	E news C 新闻, 消息 J ニュース	V Tin tức, thời sự M мэдээ
2	김치를 만들다	E make Kimchi C 做辛奇 (做韩国传统泡菜) J キムチを作る	V Làm kim chi M кимчи дарах
3	명 스마트폰	E smart phone C 智能手机 J スマートフォン	V Điện thoại thông minh M ухаалаг утас
4	동 서다	E stand up C 站 J 立つ	V Đứng M зогсох
5	동 눕다	E lie down C 躺 J 横わたる、横になる	V Nằm M хэвтэх

<3> 활동

듣고 말하기 1

1	명 미래	**E** future **C** 未来 **J** 未来	**V** Tương lai **M** ирээдүй
2	동 한잔하다	**E** have a drink **C** 喝酒 **J** 一杯する、お酒をのむ	**V** Uống một ly, một chút (trà, rượu) **M** нэг аяга уух

듣고 말하기 2

1	바이올린을 켜다	**E** play the violin **C** 拉小提琴 **J** バイオリンを弾く	**V** Chơi Vi-ô-lông, vĩ cầm **M** хийл тоглох
2	플루트를 불다	**E** play the flute **C** 吹长笛 **J** フルートを吹く	**V** Thổi sáo **M** лимбэ тоглох
3	드럼을 치다	**E** play the drums **C** 打架子鼓 **J** ドラムをたたく	**V** Chơi trống **M** бөмбөр тоглох
4	명 학원	**E** private educational institute **C** 学院 **J** 塾	**V** Học viện **M** сургалтын төв

7과 친구

읽고 말하기

1	몡 태권도 도장	🇪 Taekwondo studio 🇨 跆拳道道场 🇯 テコンドー道場	🇻 Phòng tập taekwondo 🇲 тэквондугийн сургалт
2	몡 태권도 도복	🇪 Taekwondo uniform 🇨 跆拳道道服 🇯 テコンドーの道着	🇻 Đồng phục taekwondo 🇲 тэквондогийн өмсгөл
3	몡 발차기	🇪 kick 🇨 踢腿 🇯 足技, 蹴り技	🇻 Cú đá 🇲 өшиглөх
4	몡 아프리카	🇪 Africa 🇨 非洲 🇯 アフリカ	🇻 Châu Phi 🇲 Африк улс
5	몡 세네갈	🇪 Senegal 🇨 塞内加尔 🇯 セネガル	🇻 Nước Senegal 🇲 Бүгд Найрамдах Сенегал Улс
6	몡 선수	🇪 player, athlete 🇨 选手 🇯 選手	🇻 Vận động viên, tuyển thủ 🇲 тамирчин
7	동 시작하다	🇪 begin, start 🇨 开始 🇯 開始する	🇻 Bắt đầu 🇲 эхлэх
8	수업을 받다	🇪 take a class/lesson/course 🇨 听课 🇯 授業を受ける	🇻 Theo học, nghe giảng 🇲 хичээл заалгах

9	동 계시다	**E** be, exist(honorific form of '있다') **C** 在 (있다的敬语) **J** いらっしゃる **V** Ở (Kính ngữ của từ "있다") **M** байх /хүндэтгэлийн хэлбэр
10	마음이 따뜻하다	**E** warm-hearted **V** Trái tim ấm áp **C** 心里很温暖 **M** дулаан сэтгэлтэй **J** 心が温かい
11	동 가르치시다	**E** teach(honorific form of '가르치다') **C** 教 (가르치다的敬语) **J** お教えになる (教えるの丁寧形) **V** Dạy (Kính ngữ của từ "가르치다") **M** сургамжлах
12	부 열심히	**E** hard, diligently **V** Chăm chỉ **C** 认真, 努力 **M** хичээнгүй **J** 一生懸命
13	명 유학	**E** studying abroad **V** Du học **C** 留学 **M** гадаадад суралцах **J** 留学
14	동 되다	**E** become **V** Trở thành **C** 成;成为;变为 **M** болох **J** ～になる
15	명 처음	**E** beginning, start **V** Lần đầu **C** 初;开始;首先 **M** анх **J** 初めて
16	형 무섭다	**E** scary, frightening **V** Sợ hãi **C** 可怕的 **M** аймар байх **J** 怖い

7과 친구

17	그림을 그리다	**E** draw/paint a picture **C** 画画 **J** 絵を描く	**V** Vẽ tranh **M** зураг зурах
18	명 미술	**E** fine arts **C** 美术 **J** 美術	**V** Mỹ thuật **M** дүрслэх урлаг

함께 해 봅시다

1	동 잘하다	**E** good at **C** 擅长 ; 做的好 **J** 上手だ	**V** Tốt, giỏi **M** сайн хийх
2	잘 못하다	**E** poor at **C** 不擅长 **J** 下手だ	**V** Không giỏi, dở, tệ **M** сайн хийхгүй байх

워크북

읽기

1	동 선물하다	**E** give a present **C** 送礼物 **J** プレゼントする	**V** Tặng quà **M** бэлэглэх

8과 전화

<1> 선생님 전화번호를 알지요

어휘와 표현 1

1 전화를 하다	**E** make a phone call **C** 打电话 **J** 電話をかける	**V** Gọi điện thoại **M** утсаар ярих
2 전화를 받다	**E** answer a phone call **C** 接电话 **J** 電話に出る	**V** Nhận điện thoại **M** дуудлага авах
3 동 통화하다	**E** talk/be on the phone **C** 通电话 **J** 通話する	**V** Nói chuyện điện thoại **M** утсаар ярих
4 전화를 끊다	**E** hang up **C** 挂电话 **J** 電話を切る	**V** Cúp máy **M** таслах
5 전화번호가 몇 번이에요?	**E** What's your phone number? **C** 电话号码是多少? **J** 電話番号は何番ですか? **V** Số điện thoại của bạn là gì? **M** утасны дугаар чинь хэд вэ?	

어휘와 표현 2

1	몡 문자 메시지	**E** text message **C** 短信 **J** ショートメール	**V** Tin nhắn văn bản **M** бичвэр зурвас
2	몡 음성 메시지	**E** voice mail/message **C** 语音信息 **J** 音声メッセージ	**V** Tin nhắn thoại **M** дуут мессэж
3	동 보내다	**E** send **C** 发送 **J** 送る	**V** Gửi **M** илгээх
4	동 답장하다	**E** reply **C** 回信 **J** 返事をする	**V** Trả lời, hồi âm **M** хариулах

문법 1

1	대 거기	**E** there **C** 那里 **J** そこ	**V** Ở đó **M** тэнд
2	몡 국제교육원	**E** Institute of International Education **C** 国际教育院 **J** 国際教育院	**V** Viện giáo dục quốc tế **M** Олон улсын боловсролын төв
3	동 맞다	**E** right, correct **C** 对 ; 正确 ; 适合 **J** 合う	**V** Đúng **M** таарах

문법 2

1	편지를 보내다	ⓔ send a letter ⓒ 寄信 ⓙ 手紙をおくる	ⓥ Gửi thư ⓜ захиа илгээх
2	몡 비밀	ⓔ secret ⓒ 秘密 ⓙ 秘密	ⓥ Bí mật ⓜ нууц

문법 3

1	동 돕다	ⓔ help, assist ⓒ 帮助 ⓙ 助ける、手助けする	ⓥ Giúp đỡ ⓜ туслах
2	동 소개하다	ⓔ introduce ⓒ 介绍 ⓙ 紹介する	ⓥ Giới thiệu ⓜ танилцуулах

대화문

1	여보세요?	ⓔ Hello? ⓒ 喂? ⓙ もしもし？	ⓥ A lô? ⓜ байна уу?
2	무슨 일이에요?	ⓔ What is the matter? What's wrong? ⓒ 有什么事吗？ ⓙ どうしましたか？	ⓥ Có việc gì? ⓜ Юу болсон бэ?
3	동 물어보다	ⓔ ask, inquire ⓒ 打听；问问 ⓙ 尋ねてみる	ⓥ Hỏi xem, hỏi thử ⓜ асуух

워크북

어휘와 표현

1	전화를 걸다	**E** make a phone call **C** 打电话 **J** 電話をかける	**V** Gọi điện thoại **M** залгах
2	명 나중	**E** later **C** 日后 **J** 後ほど、今度	**V** Sau này **M** сүүлд

문법

1	동 빌려주다	**E** lend **C** 借给 **J** 貸す	**V** Cho mượn **M** зээлэх
2	명 주소	**E** address **C** 住所, 住处 **J** 住所	**V** Địa chỉ **M** хаяг

<2> 지금은 바쁘니까 이따가 연락할게요

어휘와 표현 1

1 죄송합니다. 지금은 통화할 수 없습니다	**E** I am sorry. I cannot talk right now. **C** 对不起。现在沒办法通电话。 **J** すみません。今は電話に出ることが出来ません。 **V** Xin lỗi. Bây giờ tôi không thể nghe điện thoại. **M** Уучлаарай. Одоо утсаар ярих боломжгүй байна.
2 나중에 다시 연락해 주세요	**E** Please call me again later. **C** 请您下次再联系我。 **J** 後ほど (今度) また連絡ください。 **V** Vui lòng liên lạc lại với tôi sau. **M** Дараа дахин залгана уу.
3 문자 메시지를 보내 주세요	**E** Please send me a text message. **C** 请发信息给我。 **J** メッセージを送ってください。 **V** Xin hãy gửi tin nhắn văn bản cho tôi. **M** Мессэж явуулна уу.
4 이따가 전화드리겠습니다	**E** I will call you later. **C** 稍后给您打电话。 **J** 後で電話いたします。 **V** Tôi sẽ gọi cho bạn sau. **M** Удахгүй холбоо бария.

5 나중에 연락드리겠습니다	🇬🇧 I will contact you later. 🇨🇳 以后联系您。 🇯🇵 後ほど (今度) 連絡いたします。 🇻🇳 Tôi sẽ liên lạc với bạn sau. 🇲🇳 Дараа холбоо бария.

어휘와 표현 1

1 잘못 거셨어요	🇬🇧 You have the wrong number. 🇨🇳 您打错电话了。 🇯🇵 かけ間違いました 🇻🇳 Bạn nhầm số rồi ạ. 🇲🇳 Буруу залгачихлаа.
2 누구를 찾으세요?	🇬🇧 Whom would you like to speak to? Who are you looking for? 🇨🇳 请问您找谁？ 🇯🇵 どなた (誰) をお探しですか？ 🇻🇳 Bạn đang tìm ai vậy? 🇲🇳 Хэнийг хайж байна вэ?
3 바꿔 주세요	🇬🇧 I would like to talk to~, May I speak to~, Is ~ there? 🇨🇳 请帮我转接一下 (…的电话) 🇯🇵 代わってください 🇻🇳 Chuyển giúp tôi ạ. 🇲🇳 Дамжуулж өгнө үү.
4 잠깐만 기다리세요	🇬🇧 Just a moment, please. 🇨🇳 请您稍等一下。 🇯🇵 少しお待ちください 🇻🇳 Vui lòng đợi một lát ạ. 🇲🇳 Түр хүлээнэ үү.

문법 1

1	동 **돌아가다**	**E** go back, return to **C** 回去 **J** 帰る	**V** Trở lại **M** буцах
2	동 **보내주다**	**E** send sth to sb **C** 发给 **J** 送る、届ける	**V** Gửi giúp **M** илгээх

대화문

1	명 **회의**	**E** meeting, conference **C** 会议 **J** 会議	**V** Cuộc họp **M** хурал
2	**일이 끝나다**	**E** work is done/finished **C** 工作结束 **J** 仕事が終わる	**V** Công việc kết thúc **M** ажил дуусах

대화 연습

1	**약속이 있다**	**E** have an appointment **C** 有约会 **J** 約束がある	**V** Có hẹn. **M** уулзалттай байх
2	**공부가 끝나다**	**E** study is done/finished **C** 学习结束 **J** 勉強が終わる	**V** Học xong. **M** хичээлээ дуусах
3	**수업에 들어가다**	**E** go to/be in class **C** 去上课 **J** 授業に行く	**V** Vào lớp học. **M** хичээлдээ орох

| 4 | 모임이 있다 | **E** have a gethering
C 有聚会
J 集まりがある | **V** Có cuộc họp.
M цугларалттай |

워크북

읽기

| 1 | 동 **연락하다** | **E** contact
C 联络
J 連絡する | **V** Liên lạc
M холбоо барих |

<3> 활동

듣고 말하기 1

1	동 **출발하다**	🇪 depart, leave 🇨 出发 🇯 出発する	🇻 Xuất phát, rời đi 🇲 хөдлөх

듣고 말하기 2

1	동 **배달시키다**	🇪 order (food) delivery 🇨 点外卖 🇯 出前を頼む	🇻 Đặt giao hàng, yêu cầu giao hàng 🇲 хүргэлт захиалах
2	명 **치킨집**	🇪 chicken restaurant 🇨 炸鸡店 🇯 チキン屋	🇻 Tiệm gà rán 🇲 шарсан тахианы газар

읽고 말하기

1	명 **그때**	🇪 that time 🇨 那时 🇯 その時	🇻 Lúc đó 🇲 тэр үед
2	동 **찾다**	🇪 find 🇨 找 🇯 探す	🇻 Tìm kiếm 🇲 хайх
3	동 **줍다**	🇪 pick up 🇨 捡 🇯 拾う	🇻 Nhặt 🇲 хүйтэн байх

4	통 사 주다	**E** buy sth for sb **C** 买给 **J** 買ってあげる	**V** Mua cho **M** худалдаж авч өгөх
5	명 그날	**E** that day **C** 那天 **J** その日	**V** Ngày đó **M** тэр өдөр
6	통 잃어버리다	**E** lose **C** 丢失 **J** なくす	**V** Đánh mất **M** алга болгох

함께 해 봅시다

1	문을 열다	**E** open the door **C** 开门 **J** ドアを開ける	**V** Mở cửa **M** хаалга онгойлгох
2	명 박물관	**E** museum **C** 博物馆 **J** 博物館	**V** Bảo tàng **M** музей
3	명 입장료	**E** entrance fee **C** 入场费 **J** 入場料	**V** Phí vào cửa **M** тасалбарын үнэ
4	명 출입국 외국인청	**E** Immigration Office **C** 出入境管理局 **J** 出入国管理事務所	**V** Văn phòng xuất nhập cảnh **M** Цагаачлалын алба
5	명 출구	**E** exit **C** 出口 **J** 出口	**V** Lối ra **M** хаалга
6	문을 닫다	**E** close the door **C** 关门 **J** ドアを閉める	**V** Đóng cửa **M** хаалга хаах

워크북

듣기·읽기

1	명 치과	**E** dental clinic **C** 牙科 **J** 歯科	**V** Nha khoa **M** шүдний тасаг, шүдний эмнэлэг
2	명 이	**E** tooth **C** 牙齿 **J** 歯	**V** Răng **M** шүд
3	명 호텔	**E** hotel **C** 酒店 **J** ホテル	**V** Khách sạn **M** зочид буудал
4	명 평창 올림픽	**E** Pyeongchang Olympics **C** 平昌奥运会 **J** 平昌 (ピョンチャン) オリンピック	**V** Thế vận hội PyeongChang **M** 'Пёнчан' олимп
5	명 경기장	**E** stadium **C** 赛场 **J** 競技場	**V** Sân vận động, sân thi đấu **M** тэмцээний талбай
6	명 진부역	**E** Jinbu Station **C** 珍富火车站 **J** 珍富駅	**V** Ga Jinbu **M** 'Жинбү' галт тэрэгний зогсоол
7	동 (버스에서) 내리다	**E** get off the bus **C** 下车 **J** (バスから) 降りる	**V** Xuống xe buýt **M** буух

8과 전화

8	명 한우	**E** Korean beef **C** 韩牛 **J** 韓牛	**V** Thịt bò Hàn Quốc **M** солонгос нутгийн үүлдрийн үхэр
9	명 막국수	**E** Mak-guksu (buckwheat noodles) **C** 荞麦凉面 **J** マッククッス	**V** Mì kiều mạch **M** маггүрсү
10	명 룸메이트	**E** roommate **C** 室友 **J** ルームメート	**V** Bạn cùng phòng **M** өрөөний хамтрагч
11	명 배달원	**E** delivery man **C** 送货员, 派送员 **J** 配達員	**V** Người giao hàng **M** түгээгч

9과 교통

<1> 민속박물관에 가려고 해요

어휘와 표현 1

#	단어	영/중/일	베/몽
1	명 위	**E** up / **C** 上 / **J** 上	**V** Trên / **M** дээр
2	명 아래	**E** down / **C** 下 / **J** 下	**V** Dưới / **M** доор
3	명 왼쪽	**E** left / **C** 左边 / **J** 左	**V** Trái / **M** зүүн тал
4	명 오른쪽	**E** right / **C** 右边 / **J** 右	**V** Phải / **M** баруун тал
5	명 앞	**E** front / **C** 前面 / **J** 前	**V** Phía trước / **M** урд
6	명 뒤	**E** back / **C** 后面 / **J** 後ろ	**V** Đằng sau / **M** ард
7	명 건너편	**E** across / **C** 对面 / **J** 向かい側	**V** Đối diện / **M** нөгөө тал

#			
8	몡 **옆**	**E** side **C** 旁边 **J** 横	**V** Bên cạnh **M** хажууд
9	몡 **사이**	**E** between **C** 中间 **J** 間	**V** Ở giữa **M** хооронд
10	몡 **안**	**E** inside **C** 里面 **J** 中	**V** Bên trong **M** дотор
11	몡 **밖**	**E** outside **C** 外面 **J** 外	**V** Bên ngoài **M** гадна
12	몡 **꽃집**	**E** flower shop **C** 花店 **J** 花屋	**V** Tiệm hoa **M** цэцгийн дэлгүүр
13	몡 **병원**	**E** hospital **C** 医院 **J** 病院	**V** Bệnh viện **M** эмнэлэг
14	몡 **커피숍**	**E** coffee shop **C** 咖啡店 **J** コーヒーショップ	**V** Quán cà phê **M** кофе шоп
15	몡 **경찰서**	**E** police station **C** 警察局 **J** 警察署	**V** Sở cảnh sát **M** цагдаагийн газар
16	몡 **은행**	**E** bank **C** 银行 **J** 銀行	**V** Ngân hàng **M** банк
17	몡 **약국**	**E** pharmacy **C** 药店 **J** 薬局	**V** Hiệu thuốc **M** эмийн сан

어휘와 표현 2

#	한국어	영어 / 중국어 / 일본어	베트남어 / 몽골어
1	몡 신호등	**E** traffic lights **C** 信号灯, 红路灯 **J** 信号機	**V** Đèn giao thông **M** гэрлэн дохио
2	몡 횡단보도	**E** crosswalk **C** 人行横道, 斑马线 **J** 横断歩道	**V** Vạch qua đường **M** явган хүний гарц
3	몡 지하철역	**E** subway station **C** 地铁站 **J** 地下鉄駅	**V** Ga tàu điện ngầm **M** метроны буудал
4	몡 버스정류장	**E** bus stop **C** 汽车站 **J** バス停留所	**V** Trạm xe buýt **M** автобусны буудал
5	몡 사거리	**E** intersection **C** 十字路口 **J** 交差点	**V** Ngã tư **M** дөрвөн замын уулзвар
6	부 쭉	**E** all the way **C** 一直 (延申) **J** ずっと	**V** Liên tiếp, kéo dài **M** зүг
7	몡 근처	**E** neighborhood, nearby **C** 附近 **J** 近所	**V** Nơi gần, kế bên **M** ойролцоо
8	동 건너다	**E** cross **C** 过 ; 穿过 ; 跨过 **J** 渡る	**V** Vượt qua **M** гатлах
9	걸어서 가다	**E** go on foot **C** 走着去 **J** 歩いて行く	**V** Đi bộ **M** алхаж явах

문법 1

1	명 빵집	E bakery C 面包店 J パン屋	V Tiệm bánh mì M бакери дэлгүүр
2	명 우리 집	E my house, our home C 我们家 J わが家、私の家	V Nhà chung M манай гэр

대화문

1	명 민속박물관	E folk museum C 民俗博物馆 J 民族博物館	V Bảo tàng dân tộc M үндэсний музей

대화 연습

1	명 덕수궁	E Deoksugung Palace C 德寿宫 J 徳寿宮	V Cung Deoksu M Дугсуү-гүн
2	명 가로수길	E Garosu-gil (a tree-lined street) C 林荫道 J カロスキル	V Đường Garosu M замын хажуу талын зүлэгжүүлсэн хэсэг
3	명 신사역	E Sinsa Station C 新沙站 J 新沙駅	V Ga Sinsa M Синса буудал
4	명 국립도서관	E National Library C 国立图书馆 J 国立図書館	V Thư viện quốc gia M Улсын номын сан

| 5 | 명 서초경찰서 | **E** Seocho Police Station
C 瑞草警察局
J 瑞草警察署 | **V** Đồn cảnh sát Seocho
M Сочу цагдаагийн хэлтэс |

워크북

어휘와 표현

| 1 | 명 지하도 | **E** underground passage
C 地下通道
J 地下道 | **V** Lối đi ngầm
M газар доогуурх зам |

문법

| 1 | 명 주차장 | **E** parking lot
C 停车场
J 駐車場 | **V** Bãi đậu xe
M машины зогсоол |
| 2 | 동 놀다 | **E** play
C 玩
J 遊ぶ | **V** Chơi
M тоглох |

<2> 경주까지 얼마나 걸릴까요?

어휘와 표현 1

#			
1	명 **택시**	**E** taxi, cab **C** 出租车 **J** タクシー	**V** Taxi **M** такси
2	명 **버스**	**E** bus **C** 公交车 **J** バス	**V** Xe buýt **M** автобус
3	명 **지하철**	**E** subway, metro **C** 地铁 **J** 地下鉄	**V** Tàu điện ngầm **M** метро
4	명 **기차**	**E** train **C** 火车 **J** 汽車	**V** Tàu lửa **M** галт тэрэг
5	명 **비행기**	**E** airplane **C** 飞机 **J** 飛行機	**V** Máy bay **M** онгоц
6	명 **오토바이**	**E** motorcycle **C** 摩托车 **J** オートバイ	**V** Xe máy **M** мотоцикл
7	동 **타다**	**E** ride **C** 骑 ; 乘 **J** 乗る	**V** Lái **M** унах, суух
8	동 **내리다**	**E** get off **C** 下, 降, 落 **J** 降りる	**V** Rời, xuống **M** буух

9	명 하노이	**E** Hanoi **C** 河内 **J** ハノイ	**V** Hà Nội **M** Ханой
10	명 오사카	**E** Osaka **C** 大阪 **J** 大阪	**V** Osaka **M** Осака

어휘와 표현 2

1	명 -호선	**E** Subway Line No.~ **C** ~号线 **J** -号線	**V** Tuyến số - **M** __ шугам
2	명 -번 출구	**E** exit number ~ **C** ~号出口 **J** -番出口	**V** Lối ra, cửa ra số - **M** __р гарц
3	명 교통 카드	**E** transportation card **C** 交通卡 **J** 交通カード	**V** Thẻ giao thông **M** тээврийн карт
4	동 갈아타다	**E** transfer **C** 换乘 **J** 乗り換える	**V** Chuyển phương tiện, chuyển xe **M** сольж суух
5	명 나가는 곳	**E** way out **C** 出口 **J** 出て行く所 (出口)	**V** Lối thoát **M** гарах гарц
6	명 갈아타는 곳	**E** transfer point/stop **C** 换乘的地方 **J** 乗り換る所	**V** Điểm dừng, điểm chuyển tuyến **M** сольж суух
7	시간이 걸리다	**E** take time **C** 花费时间 **J** 時間がかかる	**V** Mất thời gian **M** цаг зарцуулах

8	형 (교통이) 복잡하다	**E** heavy traffic, complicated **C** (交通状况) 复杂 **J** (交通が) 複雑だ	**V** Giao thông đông đúc **M** (зам тээвэр) бужигнасан
9	명 약수동	**E** Yaksu-dong **C** 药水洞 **J** 薬水洞	**V** Phường Yaksu **M** 'Ягсү' хороо
10	명 신당역	**E** Sindang Station **C** 新堂站 **J** 新堂駅	**V** Ga Sindang **M** 'Шиндан' метроны буудал

'르' 불규칙

	기본형	의미	현재 시제		과거 시제
1	형 빠르다	**E** fast **C** 快 **J** 速い **V** nhanh **M** хурдан	빠릅니다	빨라요	빨랐어요
2	형 다르다	**E** different **C** 不同, 不一样 **J** 違う、異なる **V** khác **M** өөр байх	다릅니다	달라요	달랐어요
3	배가 부르다	**E** full **C** (肚子) 饱 **J** お腹がいっぱいだ **V** no bụng **M** цадах	배가 부릅니다	불러요	불렀어요

4	동 모르다	**E** not know **C** 不知道 **J** わからない **V** không biết **M** мэдэхгүй байх	모릅니다	몰라요	몰랐어요
5	동 고르다	**E** choose **C** 挑选 **J** 選ぶ **V** chọn **M** сонгох	고릅니다	골라요	골랐어요
6	동 자르다	**E** cut **C** 剪断;截断;中止 **J** 切る **V** cắt **M** огтлох	자릅니다	잘라요	잘랐어요
7	노래를 부르다	**E** sing a song **C** 唱歌 **J** 歌を歌う **V** hát **M** (дуу) дуулах	노래를 부릅니다	불러요	불렀어요

문법 1

1	명 인천공항	**E** Incheon Airport **C** 仁川机场 **J** 仁川空港	**V** Sân bay Incheon **M** Инчон нисэх онгоцны буудал
2	명 공항버스	**E** airport limousine bus **C** 机场大巴 **J** 空港バス	**V** Xe buýt sân bay **M** нисэхийн автобус

3	몡 동대문시장	**E** Dongdaemun Market **C** 东大门市场 **J** 東大門市場	**V** Chợ Dongdaemun **M** Дүндэмүн зах
4	몡 경주	**E** Gyeongju **C** 庆州 **J** 慶州	**V** Gyeongju **M** гёнжү
5	몡 KTX	**E** Korea Train eXpress **C** KTX **J** KTX	**V** Tàu tốc hành **M** хурдны галт тэрэг
6	몡 고속버스	**E** express bus **C** 高速公共汽车 **J** 高速バス	**V** Xe buýt tốc hành **M** хурдны автобус
7	몡 교토	**E** Kyoto **C** 京都 **J** 京都	**V** Kyoto **M** Киото

문법 2

1	몡 광화문	**E** Gwanghwamun **C** 光化门 **J** 光化門	**V** Cổng Gwanghwa **M** Гуанхуамүнь
2	閉 아마	**E** probably, maybe **C** 大概 ; 可能 **J** 多分	**V** Có lẽ, có thể **M** магадгүй
3	접 쯤	**E** about **C** 大约 ; 左右 **J** ぐらい	**V** Khoảng **M** орчим
4	몡 고속버스 터미널	**E** express bus terminal **C** 速汽车客运站 **J** 高速バスターミナル	**V** Bến xe buýt cao tốc **M** хурдны автобусны терминал

5	명 인천	**E** Incheon **C** 仁川 **J** 仁川	**V** Incheon **M** Инчон

대화문

1	얼마나 걸려요?	**E** How long does it take? How long will it take? **C** 要多长时间 **J** どのくらいかかりますか？ **V** Mất bao lâu? **M** хэр хугацаа зарцуулах вэ?

대화 연습

1	명 수원	**E** Suwon **C** 水原 **J** 水原	**V** Suwon **M** Сувонь хот
2	명 민속촌	**E** folk village **C** 民俗村 **J** 民族村	**V** Làng dân gian **M** уламжлалт тосгон
3	명 전철	**E** subway, metro **C** 地铁 **J** 電車	**V** Tàu điện ngầm **M** метро

워크북

문법

| 1 | 명 공항철도 | **E** airport railroad
C 机场铁路, 机场联络轨道系统
J 空港鉄道 | **V** Đường sắt sân bay
M нисэх онгоцны буудлын галт тэрэг |

<3> 활동

듣고 말하기 1

1	몡 **미용실**	**E** beauty/hair salon **C** 理发店 **J** 美容院	**V** Tiệm cắt tóc **M** үсчин
2	몡 **잠실역**	**E** Jamsil Station **C** 蚕室站 **J** 蚕室駅	**V** Ga Jamsil **M** '잠실' метроны буудал
3	동 **준비하다**	**E** prepare **C** 准备 **J** 準備する、備える	**V** Chuẩn bị **M** бэлтгэх

듣고 말하기 2

1	동 **이용하다**	**E** use **C** 使用 **J** 利用する	**V** Sử dụng **M** ашиглах
2	몡 **한글박물관**	**E** Hangeul Museum **C** 韩文博物馆 **J** ハングル博物館	**V** Bảo tàng Hangul **M** хангыл музей
3	몡 **을지로 3가역**	**E** Euljiro 3(sam)-ga Station **C** 乙支路3街站 **J** 乙支路3街駅	**V** Ga số 3 đường Euljiro **M** Илжиру 3га метроны буудал

읽고 말하기

1	명 속초	**E** Sokcho **C** 束草 **J** 束草	**V** Sokcho **M** Сукчу
2	명 바다	**E** sea, ocean **C** 大海 **J** 海	**V** Biển **M** далай
3	형 깨끗하다	**E** clean **C** 干净 **J** 清潔だ、きれいだ	**V** Sạch sẽ **M** цэвэрхэн
4	명 아바이마을	**E** Abai Village **C** 束草阿爸村 **J** アバイ村	**V** Làng Abai **M** Абаи тосгон
5	형 행복하다	**E** happy **C** 幸福的 **J** 幸せだ	**V** Hạnh phúc **M** жаргалтай байх
6	명 설악산	**E** Seoraksan Mountain **C** 雪岳山 **J** 雪丘山	**V** Núi Seorak **M** Соллак уул
7	명 케이블카	**E** cable car **C** 缆车 **J** ケーブルカー	**V** [Danh từ] Xe cáp treo **M** кабель машин, дүүжин тэрэг
8	명 산	**E** mountain **C** 山 **J** 山	**V** Núi **M** уул
9	명 동해	**E** the East Sea **C** 东海 **J** 東海	**V** Biển Đông **M** Зүүн далай

10	명 안동	**E** Andong **C** 安东 **J** 安東	**V** Andong **M** Андун
11	명 찜닭	**E** Jjimdak(braised spicy chicken with vegetables) **C** 炖鸡 **J** チムタッ (蒸し鶏) **V** Món gà hầm (Jjim-dak) **M** Жжимдаг /тахиа	
12	명 하회마을	**E** Hahoe Folk Village **C** 河回村 **J** 河回村	**V** Làng Hahoe **M** Хахуи тосгон

함께 해 봅시다

1	명 통영	**E** Tongyeong **C** 统营 **J** 統営	**V** Tongyeong **M** Тунён
2	명 평창	**E** Pyeongchang **C** 平昌 **J** 平昌	**V** Pyeongchang **M** Пёнчан
3	명 경주	**E** Gyeongju **C** 庆州 **J** 慶州	**V** Gyeongju **M** Гёнжү
4	명 여수	**E** Yeosu **C** 丽水 **J** 麗水	**V** Yeosu **M** Ёнсү
5	명 교통비	**E** transportation fee **C** 交通费 **J** 交通費	**V** Phí giao thông **M** замын зардал

워크북

듣기·읽기

1	형 **불편하다**	**E** uncomfortable **C** 不便, 不方便, 不舒服 **J** 不便だ	**V** Bất tiện **M** тухгүй байх

10과 약속

<1> 서준 씨한테 연락해 주시겠어요?

어휘와 표현 1

1	약속을 하다	**E** make a promise **C** 约定 **J** 約束をする **V** Hứa hẹn **M** амлалт өгөх
2	약속을 지키다	**E** keep a promise **C** 遵守约定 **J** 約束を守る **V** Giữ lời hứa, giữ hẹn **M** амлалтаа биелүүлэх
3	약속이 있다	**E** have an appointment **C** 有约 **J** 約束がある **V** Có hẹn **M** уулзалттай байх
4	약속이 없다	**E** have no promise/appointment **C** 没有约会 **J** 約束がない **V** Không có hẹn. **M** товлосон ажилгүй байх
5	시간이 있다	**E** have time **C** 有时间 **J** 時間がある **V** Có thời gian. **M** завтай байх
6	시간이 없다	**E** have no time **C** 没有时间 **J** 時間がない **V** Không có thời gian. **M** завгүй байх

어휘와 표현 2

1	동 **연락하다**	E contact C 联系 J 連絡をする	V Liên lạc M холбоо барих
2	동 **초대하다**	E invite C 招待;邀请 J 招待する	V Mời M урих
3	동 **준비하다**	E prepare C 准备 J 準備する	V Chuẩn bị M бэлтгэх
4	동 **사 오다**	E buy and bring C 买来 J 買ってくる	V Mua mang về M худалдаж авчрах
5	동 **축하하다**	E celebrate C 祝贺 J お祝いする	V Chúc mừng M баяр хүргэх

문법 1

1	명 **돼지고기**	E pork C 猪肉 J 豚肉	V Thịt heo M гахайн мах
2	명 **닭고기**	E chicken C 鸡肉 J 鶏肉	V Thịt gà M тахианы мах
3	명 **아파트**	E apartment C 公寓 J マンション	V Chung cư M орон сууц

문법 2

1	명 **여권**	**E** passport **C** 护照 **J** パスポート	**V** Hộ chiếu **M** гадаад паспорт

대화 연습

1	명 **동아리**	**E** club **C** 社团 **J** サークル	**V** Câu lạc bộ **M** дугуйлан
2	동 **부탁하다**	**E** ask for a favor **C** 拜托 **J** お願いする	**V** Nhờ, phó thác **M** гуйх

워크북

어휘와 표현

1	명 **오피스텔**	**E** officetel **C** 商务公寓 **J** オフィステル	**V** Văn phòng dạng khách sạn **M** амьдрах орчинтой ажлын өрөө

<2> 이번 주 토요일에 못 만나요

어휘와 표현 1

1	동 (약속을) 취소하다	**E** cancel an appointment **C** 取消约定 **J** (約束を) 中止する、キャンセルする **V** Hủy cuộc hẹn **M** амлалтаа цуцлах
2	명 약속 장소	**E** location of the appointment **C** 约会地点 **J** 約束の場所 **V** Địa điểm hẹn **M** товлосон газар
3	명 약속 날짜	**E** date of the appointment **C** 约会日期 **J** 約束の日 **V** Ngày hẹn **M** товлосон өдөр
4	명 약속 시간	**E** appointed time, time of the appointment **C** 约会时间 **J** 約束の時間 **V** Thời gian hẹn **M** товлосон цаг
5	동 정하다	**E** decide **C** 定 **J** 定める、決める **V** Chọn **M** товлох
6	동 바꾸다	**E** change **C** 换 ; 变 **J** 変える **V** Thay đổi **M** солих

어휘와 표현 2

1	일이 생기다	**E** something comes up **C** (突然) 有事 **J** 用事ができる	**V** Có việc xảy ra **M** Ажилтай болох
2	모임이 있다	**E** have a gathering **C** 有聚会 **J** 集まりがある	**V** Có cuộc họp **M** цугларалттай байх, цуглаантай байх
3	회의가 있다	**E** have a conference **C** 有会议 **J** 会議がある	**V** Có cuộc họp **M** хуралтай байх
4	늦게 일어나다	**E** wake up late **C** 起晚了 **J** 遅く起きる	**V** Thức dậy muộn **M** оройтож босох

문법 1

1	동 드시다	**E** eat(honorific form of '먹다') **C** 吃 (敬语) **J** 召し上がる	**V** Ăn (Kính ngữ của từ "먹다") **M** идэх / хүндэтгэлийн хэлбэр

문법 2

1	수업을 듣다	**E** take/attend a class **C** 听课 **J** 授業を聞く	**V** Tham gia lớp học, nghe giảng **M** хичээл сонсох

10과 약속

대화 연습

1	몡 강남역	**E** Gangnam Station **C** 江南站 **J** 江南駅	**V** Ga Gangnam **M** Ганнам метроны буудал

워크북

문법

1	스키를 타다	**E** skiing **C** 滑雪 **J** スキーをする	**V** Trượt tuyết **M** цанаар гулгах
2	몡 동영상	**E** video **C** 视频 **J** 動画	**V** Video, hình ảnh động **M** бичлэг

<3> 활동

듣고 말하기 1

1	튀 바로	**E** immediately **C** 马上 **J** すぐ	**V** Ngay lập tức **M** даруй

듣고 말하기 2

1	약속 시간을 지키다	**E** keep one's appointment, be on time for the appointment **C** 遵守约会时间 **J** 約束時間を守る **V** Đúng giờ hẹn **M** товлосон цагаа барих
2	약속 시간에 늦다	**E** be late for the appointment **C** 约会迟到 **J** 約束時間に遅れる **V** Trễ giờ hẹn **M** товлосон цагаасаа хоцрох
3	약속 장소에 일찍 가다	**E** go to an appointment early, go to the meeting place early **C** 提早去约会地点 **J** 約束時間に早めに行く **V** Đến địa điểm hẹn sớm **M** товлосон газраасаа эрт явах

읽고 말하기

1	옛날 옛날에	**E** once upon a time **C** 很久很久以前 **J** 昔〜むかし	**V** Ngày xửa ngày xưa **M** эртээ урьдын цагт
2	명 호랑이	**E** tiger **C** 老虎 **J** トラ	**V** Con hổ **M** бар
3	명 웅덩이	**E** puddle **C** 水坑 **J** 水たまり	**V** Vũng nước **M** шалбааг
4	형 깊다	**E** deep **C** 深 **J** 深い	**V** Sâu **M** гүнзгий
5	동 구하다	**E** save, rescue **C** 救, 援救, 寻找, 谋求 **J** 救う	**V** Cứu **M** хайх, аврах
6	부 절대	**E** definitely, absolutely **C** 绝对 **J** 絶対	**V** Tuyệt đối **M** хэзээ ч
7	동 잡아먹다	**E** prey on, feed on **C** 抓住吃掉 **J** 捕食する	**V** Bắt ăn, làm phiền **M** барьж идэх
8	의 어흥	**E** a roar, growl **C** (虎吼啸声) 呜呜, 呜嗷 **J** (虎の吠える声) ガオー	**V** Ngào (tiếng hổ gầm) **M** аррр
9	명 토끼	**E** rabbit **C** 兔子 **J** ウサギ	**V** Con thỏ **M** туулай

10	동 울다	E cry C 哭 J 吠える、泣く	V Khóc M уйлах
11	동 나오다	E come out C 出来 J 出る、出て来る	V Xuất hiện M гарах
12	동 웃다	E laugh C 笑 J 笑う	V Cười M инээх
13	동 도와주다	E help, assist C 帮助 J 手伝ってあげる	V Giúp đỡ cho M туслах

함께 해 봅시다

1	동 거절하다	E refuse C 拒绝 J 断る	V Từ chối M татгалзах
2	부 꼭	E surely, certainly C 一定, 务必 J 必ず	V Nhất định M заавал

10과 약속

워크북

듣기·읽기

1	몡 **미술관**	**E** art museum, art gallery **C** 美术馆 **J** 美術館	**V** Phòng tranh, phòng triển lãm **M** уран зургийн үзэсгэлэн
2	뷔 **오래**	**E** a long time **C** 很长时间 **J** 長らく	**V** Lâu **M** удаан
3	뷔 **그런데**	**E** however **C** 可是 **J** ところで	**V** Nhưng mà, thế nhưng **M** гэхдээ

한양 한국어 1 단어장

초판 1쇄 발행 2022년 2월 28일
2쇄 발행 2022년 11월 14일

지은이	한양대학교 국제교육원
펴낸이	박민우
기획팀	송인성, 김선명, 김선호
편집팀	박우진, 김영주, 김정아, 최미라, 전혜련
관리팀	임선희, 정철호, 김성언, 권주련
펴낸곳	(주)도서출판 하우
주소	서울시 중랑구 망우로68길 48
전화	(02)922-7090
팩스	(02)922-7092
홈페이지	http://www.hawoo.co.kr
e-mail	hawoo@hawoo.co.kr
등록번호	475호

값 8,000원
ISBN 979-11-6748-034-7 14710
ISBN 979-11-6748-037-8 (set)

* 이 책은 저작권법에 따라 보호받는 저작물이므로 무단 전재와 무단 복제를 금지하며, 이 책 내용의 전부 또는 일부를 이용하려면 반드시 저작권자와 (주)도서출판 하우의 서면 동의를 받아야 합니다.